JN439286

신금문화총서 1

다문화 콘서트

이해와 소통을 위한 현장 연구

장미영, 장창영, 이수라, 고은미, 김선경

신금문화총서 1

다문화 콘서트

이해와 소통을 위한 현장 연구

장미영, 장창영, 이수라, 고은미, 김선경

신아출판사

| 머리말 |

미국 요크대학교(York University)의 로레인 코드(L0rraine Code)는 Nadine Gordimer의 소설 『줄라이의 사람들』(July's People, 1981)을 독해하면서 "그들은 그를 잘 대해주었다"라는 문구를 '그릇된 인정(mis-recognition)'으로 간주한 바 있다. 로레인은 이 문구가 애완동물이나 하인, 부하, 죄수, 노예를 다루는 경우처럼 사회적 지위에 큰 차이가 있을 때 사용되는 문구라고 주장했다. '잘 대해준다'는 말은 언뜻 듣기에는 매우 우호적이고 관대하게 인간적으로 관계를 맺는 문구처럼 여겨지지만 그 속에는 장벽과 배제가 내포되어 있다는 것이다.

상대의 평안과 복지를 위해서는 타인을 '잘 대해주는' 것으로 충분한 것일까? '잘 대해준다'는 의식에는 과연 '우리와 똑같다'는 평등과 포함(equality and inclusion)의 관계가 전제되어 있는 것일까? '잘 대해주었다'고 말할 수 있는 것은 나와 너 또는 우리와 그들이 결코 같지 않다고 생각하는 차별적 인식이 깔려 있는 것은 아닐까? 타인을 잘 대해주는 이면에는 나 또는 우리에 동화시키고자하는 은밀한 욕망이 작용하는 것은 아닐까? 로레인으로부터 제기된 여러 가지 의문은 다문화시대를 살아가는 우리들의 타인에 대한 도덕적 배려가 얼마나 무책임하고 얄팍한지를 깨닫게 한다.

필자는 십 년이 훌쩍 넘는 세월동안 이주노동자, 이주여성, 외국인 유학생 등을 상대하면서 이주민들에 대한 태도가 여러 가지로 변해왔음을 느낀다. 처음 이주민을 대했을 때는 '그들은 우리와 같지 않다'는 생각이 컸다. 그들은 우리가 아닌 단지 '그들'이었다. 그들에게는 친절과 배려라는 도덕적 덕목을 내세워 잘 대해주는 것이 우리가 할 수 있는 최선이었다.

이주민들의 속 깊은 이야기를 듣게 되면서부터는 그들도 우리와 크게 다르지 않다는 인간의 동질성을 경험하는 듯했다. 그러다가 동일한 어휘를 사용하는 말과 글이라도 그것을 수용하는 방식과 해석이 전혀 다를 수 있음을 알아차리게 되면서부터는 또다시 그들은 결코 우리가 될 수 없다는 생각을 하게 되었다. 다른 사람의 입장이 되어본다는 것, '내가 그들이었다면?'을 강하게 의식한다는 것은 그저 나와 상대방의 위치 바꾸기처럼 단순한 것이 아니라는 것을 경험하게 된 것이다.

다문화주의의 모토인 '다르게, 평등하게 살기'란 과연 현실적으로 성취될 수 있는 것인가. 깊은 의문이 꼬리에 꼬리를 물며 솟구쳐 오를 때, 자신의 경험을 되짚어 성찰해보는 것도 해답의 실마리를 찾는 한 방법이 될 수 있다는 믿음이 생겼다. 그래서 비슷한 경험을 가진 동료 교수들과 의견을 나누었다. 장창영, 이수라, 고은미 교수가 동참의 뜻을 표시했다. 당시 JTV에서 일하던 김선경 작가에게는 전화로 의견을 물었다. 김선경 작가는 이주여성의 삶을 다룬 〈피우자 민들레〉를 제작하기 위해 그들을 취재하고 있었기 때문에 이러한 문제를 다루는데 적격자였다. 모두의 합의하에 각자 자신이 겪었던 이주민 또는 유학생들과의 경험을 진솔하게 써내려가기 시작했다.

그런데 문제가 생겼다. 서로 만나 대화를 나눌 때는 허심탄회한 듯 보였던 이주민들도 막상 자기들의 이야기가 글로 옮겨지자 경계하는 태도를 보였다. 그래서 어떤 이들의 이야기는 세상에 나올 수 없었다. 글을 허락한 이들 중 일부는 익명을 요구했다. 상호이해와 소통의 시간을 앞당기고 싶어 하는 적극적인 이들도 있었다. 어떤 이들은 실명 공개도 허락했고 자신의 모습이 담긴 사진까지 당당하게 내놓는 용기를 보여주었다.

이 책은 이주민이나 외국인을 대하는 한국인의 의식을 가감 없이 보여주기 위해 마련되었다. 그래서 각 장은 현장 체험의 이야기로 꾸려졌다. 우리 필진들은 이 책에 이주민에 대한 우리 사회의 관심이 더욱 깊어지기를 바라는 마음을 담았다. 1부는 장미영 교수, 2부는 장창영 교수, 3부는 이수라 교수, 4부는 고은미 교수, 5부는 김선경 작가의 체험담이다.

필진들 모두가 대학에서는 유학생들을 가르치는 교수이자 멘토로 활동했고 학교 밖에서는 지자체의 도움을 받아 이주민, 이주노동자, 외국인산업연수생, 다문화가정, 다문화가정자녀의 교육에 앞장섰다. 필진들의 현장 경험은 외국인을 가르치는 한국어 교원양성교육과 세계 각국에서 일하는 한국어교사 연수교육에도 크게 반영되었고 나아가 한국어교육을 위한 교재 집필에도 적용되고 있다.

그간 필진들에게 물심양면의 지원을 아끼지 않았던 전주대학교 국제교육교류원의 고봉성 원장님, 문웅성 선생님, 김진옥 조교선생님, 이민정 조교선생님, 한국어문화원장 류수열 교수님, 고아라 조교선생님, 전주대 한국어문화원의 김미정, 황숙, 손앵화, 정훈 교수님의 배려는 깊은 감동을 주었다. 아울러 전주다문화가족지원센터 이지훈 센터장님, 최옥자 선생님, 정읍다문화가족지원센터 박경희 센터장님, 박인례 선생님, 순창 군청의 조경미 선생님, 순창군 설성수 이장님, 완주다문화가족지원센터의 오미숙 목사님, 완주 군청의 이인승 선생님, 한국-베트남 다문화가족지원 자원봉사활동을 하시는 섬김과나눔재단의 열정은 큰 본보기가 되었다. 정읍군청, 고창군청, 임실군청, 전북여성연구회 관계자분들의 정성과 도움도 소중한 기억이 되었다. 필진들과 함께 현장에서 수고를 아끼지 않았던 필진의 가족들께도 고개 숙여 감사드린다. 가족의 사랑과 헌신이 있었기에 필진들의 활발한 활동과 연구가 가능했다. 미숙한 원고를 예쁘게 책으로 꾸려주신 신아출판사와 글솟대의 김현종 사장님, 그리고 늘 가까이에서 격려를 아끼지 않으시는 전주 영생고의 성기수 선생님께도 감사를 드린다.

2009년 초겨울

천잠산 자락의 전주대학교 연구실에서

필진을 대표하여 장미영 씀.

다문화콘서트, 이해와 소통을 위한 현장 이야기

4부. 다문화시대, 한국어교육 이야기

5부. 방송, 이주여성을 만나다

다문화시대, 이해와 소통의 현장

가정 안의 글로벌
한 민족 다른 삶, 한국인과 조선족의 동상이몽
외국인을 대하는 이중적 태도
사투리는 생존어였다
조선족 이모
외톨이를 벗어나 어울림으로

가정 안의 글로벌

"한국은 다문화사회가 아닙니다. 다국적 사회입니다."

한국어의 세계화를 모색하는 학술대회에 참석했다가 우연히 일본인 교수와 점심을 함께 하게 되었다. 학회에서 제공한 점심은 비빔밥이었다. 마주 앉은 일본인 교수는 밥 위에 얹힌 고추장을 걷어내고 비비기 시작했다. 그 모습을 보면서 나는 '고추장이 빠진 비빔밥은 한국 맛이 아니'라고 한 마디 건넸다. 보란 듯이 식당에서 제공한 그대로 고추장과 함께 밥을 비비고 보니 참기름의 윤기와 함께 붉은 밥알이 식욕을 돋우었다.

한국의 비빔밥은 고추장과 함께 각종 나물이 다채롭게 들어간다.

"저희 집은 청양 고추만 사용해요. 고추 맛이 일품 이죠."

식당 주인은 고추 조림이며 고추를 썰어 넣은 부침개, 계란말이, 배추김치 등을 푸짐하게 내왔다.

'아뿔사! 비비기 전에 고추장 맛을 봤어야 했는데……'

여기저기서 '아~, 매워' 소리가 터져 나왔다. 매운 맛에 얼굴이 벌겋게 달아 오른 사람, 솟아오르는 땀방울을 닦아내며 '상당히 매운데'를 연발하는 사람, 찬물을 찾는 사람, 입을 벌리고 부채질을 하듯 손사레를 치는 사람, 눈물을 질금거리면서도 '맛있다'고 탄성을 지르는 사람. 식당 안이 매운 맛 하나로 화제가 모아지며 소란스러웠다.

▸ 한국의 비빔밥은 고추장과 함께 각종 나물이 다채롭게 들어간다.

일본인 교수는 이러한 광경을 재미있다는 듯 바라보며 말했다.

"바로 이것이무니다. 한국인 성격은 매운 고추 먹은 것 같스무니다. 무엇이든 표현해야하지 않스무니까?"

일본인 교수는 한국인의 성격을 고추 먹은 것 같다고 비유했다. 매운 고추가 입에 들어가면 일단 입을 벌리고 나서 현재의 상황을 즉각 몸으로 표현한다는 것이다. 반면 일본인의 성격은 겨자 먹은 것 같다고 했다. 매운 겨자를 먹으면 대개는 입을 꽉 다물고 눈을 질끈 감은 채 잠깐 동안 움직이지도 않고 가만히 있게 된다는 것이다.

일본인 교수는 한 · 일간의 이러한 민족성의 차이를 독도의 사례로 확인시키고자 했다. 한 · 일 양국이 독도를 자국 땅이라고 주장할 때, 한국인은 목청을 높여 시위를 하는 데 반해 일본인은 조용히 있다가 교과서에 수록하는 것으로 자신의 주장을 성취한다는 것이다.

▸ 세계문학비교학회에서 한국문화의 세계화 방안을 발표하는 장미영 교수.

이어 그는 자신이 한국에 온지 15년이 넘었으며, 한국 아가씨와 결혼해서 두 아이를 두었고 한국에서 살고 있다고 했다. 국제결혼으로 인한 애로 사항을 묻자 그는 아내에 대한 불만을 털어 놓았다.

아내는 불만이 있으면 참지 않고 서슴없이, 그것도 직설적으로 불평을 한다는 것이다. 그런 아내의 태도에 매번 당황한다고 한다. 자신은 아내에 대한 불만이 많지만 말로 표현하지 않는다는 것이다. 그렇다고 불만스러웠던 점을 쉽게 잊지도 않는다는 것이다. 훗날 언젠가는 아내가 자기에게 불만스럽게 했던 만큼 되갚아 줄 생각을 한다는 것이었다.

▸ JTV에서 '다문화사회 맞이하기'라는 주제로 논평하는 장미영 교수.

일본인 교수는 자기가 아는, 한 일본인 남자의 이야기를 예로 들었다. 어떤 일본인 남편은 아내가 미울 때 머릿속으로 하수구 뚜껑을 열고 아내를 하수구에 떨어뜨린 후 뚜껑을 힘껏 누르고 있는 상상을 한다고 했다. 아내가 뚜껑을 밀면서 나오려고 안간힘을 쓸 때, 더 세게 손에 힘을 주면서 아내를 제압하는 상상은 생각만으로도 통쾌한 일이라는 것이다. 그가 말을 마치자, 주변의 식당 손님들이 한 마디씩 했다.

"누군지는 모르지만 졸렬하군 그래."
"사나이가 큰소리 한 번 치면 그만이지, 무슨 그런 좀스런 상상을 하누?"
"어머, 무서워라."
"말을 하고 안하고가 문제가 아니네요."
"차라리 말을 해버리는 한국 사람이 뒤끝은 없는 거죠."
"말을 안 하고 있다가 뒤통수를 치는 격이네요."

일본인 교수는 주변의 적극적인 반응들을 살피며, '바로 이것'이 한국인이라고 또 한마디 덧붙였다. 어떤 상상을 어떻게 하든, 남이 고추장을 넣어서 비벼먹든 말든, 왜들 남의 일에 그렇게 관심이 많고 사사건건 참견하기를 좋아하느냐는 것이었다.

일본인들은 남에게 폐가 되는 행동은 하지 않아야 된다는 교육이 철저하기 때문에 남의 일에 간섭하지도 않고 남이 기분 상할 말은 절대로 면전에서 하지 않는다고 했다. 은근히 일본인의 생활 태도를 자랑스럽게 여기는 눈치였다.

"국적은 어떻게 했나요?"

화제를 돌리고자 국적 문제를 꺼냈다. 그러자 일본인 교수는 자기 아내는 한국 사람이니까 한국 국적을 가지고 있고 자기는 일본 사람이니까 일본 국적을 가지고 있다고 했다. 앞으로도 일본 국적을 버릴 생각이 없으며 한국 국적을 취득할 필요를 느끼지 못한다는 것이다. 아이들은 한국과 일본, 이중 국적을 가지고 있는데, 나중에 성인이 되면 아이들 스스로 선택할 일이라고 했다.

▸ 외국인을 위한 한국어와 한국문화교육강사의 배출이 적극적으로 이루어지고 있다.

후식으로 나온 식혜를 마시며, 일본인 교수는 자신의 장인 이야기를 들려주었다. 최근에 장인어른이 일본어 회화학원을 다니는데, 자신이 일본어를 배우는 목적은 일본인 사위를 맞이했기 때문이라고 주변 사람들에게 말을 한다는 것이다. 사위가 한국말을 잘해서 의사소통에 전혀 지장이 없는데도 불구하고 장인어른이 굳이 일본말을 공부하신다고 하니 고마운 일이라고 했다. 더구나 장인어른은 일제강점기 치하에서 익혔었던 일본말을 회상하시며 젊었을 때는 일본어를 곧잘 했었다고 자랑삼아 말씀하신다는 것이다. 그런 장인어른을 뵐 때면 한국의 반일 감정이 많이 사그라졌다고 느끼지 않을 수 없다고 한다. 그런데 또 가끔 장인어른은 '역시 일본 놈은 어쩔 수가 없어'라거나 '일본 놈, 나쁜 새끼들'이라고 중얼거리기도 한다는 것이다.

사위와 대화하기 위해 일본말을 배우면서도 장인어른은 사위 나라 일본의 문화는 인정하지 않으려 한다고도 했다. 장인 댁에서 식사를 할 때면 어김없이 호통이 날라 온다는 것이다.

"아, 왜 거지 같이 밥그릇을 턱에 받치고 먹어. 내려 놔. 밥그릇을 들고 먹으면 복 달아난다는 말도 몰라?"

그러면서 장인어른은 상 위에 있는 반찬을 온통 사위의 밥그릇 주변으로 부지런히 옮겨 놓는다고 한다. 호통을 치면서 동시에 호의를 베푸는 이중적인 태도가 낯설다는 것이다. 게다가 장모님은 자꾸만 "더 먹게, 더 먹어. 왜? 음식이 입에 안 맞나?"라고 하시면서 수도 없이 권하시기 때문에 식사 시간만 되면 마음이 불편하다고 했다. 한국의 식탁에서는 그만 먹을 자유를 박탈당하는 듯한 기분이 든다는 것이다.

한국에 사는 일본인으로서 자기 스스로도 고치려고 하는 것은 "예, 예"를 자주 사용하는 언어 습관이라고 했다. 일본에서는 긍정적인 의미로 '예'를 사용하는 것은 물론, 상대방의 말을 듣고 있다는 뜻으로도 '예'라고 말한다는 것이다. 자신은 상대방의 말에 맞장구를 친다는 의도로 '예'라고 말하면 대부분의 한국 사람들은 그것을 모조리 '동의 한다'는 뜻으로 이해하여 오해를 가져온다는 것이었다.

▶ 외국인을 위한 비빔밥 체험

여러 번 허리를 숙여 작별의 인사를 하는 일본인 교수를 바라보면서 이제 우리는 바깥에서 오는 세계화를 걱정할 일이 아니라 이미 우리 가정 안에 들어와 있는 세계를 살피는 일이 더욱 급선무가 되었음을 실감했다.

'한국 민족 속에 내부의 세계를 삭힐 것인가?' 아니면 '유대 정도로 그칠 것인가?'

'어떻게 우리 안의 세계를 다스려야 한단 말인가?'

언제부턴가 한국 사회는 스스로도 알아차리지 못한 채 순수 민족주의를 벗어나 세계시민의 길을 향해 서 있는 것이다. 우리가 가는 길이 스위스와 같이 안정과 풍요를 만들어 낼 수 있으면 좋겠다.

한 민족 다른 삶, 한국인과 조선족의 동상이몽

2008년 8월 8일. 제 29회 베이징 올림픽 개회식 식전 행사가 화려하게 펼쳐졌다. 엄청나게 동원된 사람들과 대규모의 다채로운 볼거리는 세계의 이목을 집중시키기에 충분했다. 그 날 이후 며칠동안 인터넷에는 중국에 대한 비난조의 탄성과 함께 조선족을 힐난하는 글들이 쏟아졌다.

문제는 조선족이 중국의 소수민족 자격으로 식전 행사에서 한복을 입고 '아리랑' 등 한국의 민요를 배경음으로 부채춤과 장구춤을 선보였다는 것이었다. 인터넷에 올라온 몇 가지 글을 소개하면 다음과 같다.

'중국은 그냥 사람 수로 그리고 어마어마한 돈으로 행사를 도배했다.……역시 대국답게 스케일이 컸다.……중국다운 행사였다. 그런데 중국의 소수민족이 나와서 춤추는 장면은……조선족이 우리나라 한복을 입고 부채춤을 추는데, 왠지 우리나라가 중국에 속한 듯한 그 더러운 느낌……물론 조선족이 중국의 소수민족 중 하나라는 것은 알지만……조선족을 어떻게 생각해야 하는지……우리 동포? 아님 중국인?

'조선족이 중국의 소수민족이면 우리는 뭐냐? 한국의 전통 의복인 한복을 입고 춤추는 조선족은 한국인인가? 왜 남의 나라 옷을 입고……'

'황당하다. 조선족이 중국의 소수민족으로 사는 게 자랑할 일은 아니지 않은가? 대체 생각이 있는 건지 없는 건지……'

조선족 거주지가 중국의 자치구인 것은 이해한다. 그렇다고 우리의 전통 의상인 한복을 입으면 우리가 중국의 속국이라고 여기지 않겠나?

▸ 한국음식을 실습 중인 한국어교사들

중국에서는 '조선족'이 총인구의 0.169%를 차지하는 56개 소수민족 중 하나에 불과할지 모른다. 그렇지만 한국에서는 '조선족'이라는 말에 '중국에 사는 우리 겨레'라는 의미를 담고 있다. 한국인에게 조선족은 생활고를 이기기 위해 남의 나라에 건너가 어렵게 살아 온 먼 친척뻘 되는 사람들이다.

한편으로 조선족은 한일강제합병을 반대하고 국권회복을 위해 조국으로부터 망명해 간 독립운동가의 자손이거나 적어도 독립투쟁과 연계된 사람들의 후손쯤으로 인식된다. 그래서 조선족은 마땅히 조국인 한국으로 귀환되어야 할 사람들로 여겨진다.

▸ 한국인과 조선족의 갈등에 대해 이야기를 나누는 장미영 교수와 장해연 연구원

제삿날, 어르신들이 들려주는 집안 이야기에는 일제 때 징용으로 끌려갔다 해방 후에 연변으로 건너갔다는 얼굴 모를 할아버지며, 일본놈한테 땅을 빼앗기고 그래도 살아보겠다고 만주로 떠났다는 큰할아

버지의 당숙 되시는 분이 빠짐없이 등장한다. 집집마다 이러한 사연을 가진 조상이 한둘 정도는 끼어 있기에, 한국인에게 조선족은 피를 나눈 방계 혈족이자 도와줘야 할 못 사는 친척이다. 조선족은 남이 아니라 피붙이인 것이다.

► 외국인을 위한 한국의 선비춤 공연 현장

조선족에 대한 비난의 글들은 '우리'라고 하는 민족적 잠재의식과 '우리는 모두 단군 할아버지의 자손'이라고 믿어 의심치 않는 단일민족에 대한 신앙과도 같은 믿음을 내비친다.

한국 대학에 다니는 중국인 유학생 중에는 간간이 조선족 출신이 끼어 있다. 한국인 선생님들은 굳이 한족과 조선족을 구분하려 든다. 한족 유학생은 돈이 많아서 오고, 조선족 유학생들은 부모들이 가난하지만 허리띠를 졸라매면서도 교육열이 높아서 온 것으로 지레 단정되기도 한다.

그래서 세련된 한족 학생들은 부자집 자녀로, 차림새가 좋은 조선족 유학생들은 '고생하는 부모 생각도 안하고 속없이 겉멋만 든 학생'으로 쉽게 치부된다. 이런 식의 인상에 근거한 판단은 외모나 치장의 정도로 사람을 속단하는 우리네 방식일 뿐이지만 중국 국적의 유학생을 평가하는 결정적인 기준으로 작용하기도 한다.

▸ 가족과 함께 즐거운 한 때를 보내고 있는 장해연 연구원

흔히 한족은 소위 '있는 체'를 안하는 민족으로 정평이 나 있다. 한족의 경우는 옷차림이나 집안 살림만 보아서는 그 부의 정도를 가늠하기 어렵다는 것이다. 한족은 '씀씀이가 적어야 부가 쌓인다'는 생각이 강하기 때문에 절약정신이 상당히 투철한 것으로 알려져 있다.

한족들은 조선족을 포함한 우리 민족들을 '없으면서도 있는 척' 하려는 겉치레 의식이 농후한 실속 없는 사람들로 폄하하기 일쑤라고 한다. 그래서 그들은 급료가 높은 한국 회사에 취직하기를 소망하면서도 부티 나는 우리네 복장이나 자동차, 집의 규모에는 크게 괘념치 않는다는 것이다.

중국 국적의 조선족 유학생 장해연 씨와 한가로이 이런 저런 이야기를 나누면서 우리는 서로에 대해 너무 몰랐다는 것을 인정하지 않을 수 없었다. 베이징 올림픽 때, 장해연 씨는 '어느 나라를 응원하느냐'라는 곤혹스런 질문 공세를 받고 놀랐다고 한다. 한국인들은 조선족들이 당연히 한국을 응원할 것이고, 마땅히 한국을 응원해야한다고 믿어 의

심치 않는 눈치였다는 것이다. 그러나 정작 조선족들은 자연스럽게 중국을 응원하고 있었고 중국의 올림픽 개최를 기쁘게 여기는 분위기였다고 한다.

대부분의 조선족 학생들은 중국어와 한국어 2개 국어에 능통하기 때문에, 통역과 번역 일을 자주 하게 된다. 이중 언어 구사자로 각광을 받는 조선족 유학생들은 부러움의 대상이 되기도 한다. 조선족 유학생들은 한국에 유학 와서 서너 달만 지나면 연변식 한국 말투를 말끔히 씻고 남한 말투를 유창하게 내뱉는다. 언뜻 들으면 남한 말씨와 별반 차이가 나지 않아 한국인들이 눈치를 못 챌 정도다. 이에 자신감을 얻은 조선족 유학생들은 거침없이 통역에 나선다. 문제는 이 때 발생한다.

……교수님께서는 이미 대학생 시절에 동양의 정치 이론을 장악하셨습니다. 미국 유학을 다녀오신 후로는 서양의 정치 이론도 장악하셨습니다. 이로써 교수님께서는 동서양의 정치 이론을 모두 장악하신 것입니다. 뿐만 아니라 교수님께서는 현실 정치도 변변하십니다. 이처럼 해박한 지식을 가지신 교수님의 오늘 특강은 우리들의 앞날에 큰 방조가 될 것입니다.

통역을 듣는 한국인들의 어리둥절한 표정을 마주치거나 웃음 어린 뜨아한 얼굴을 발견하고나면 조선족 통역사들은 조선족 한국어와 남한 한국어의 차이가 크다는 것을 깊이 실감한다는 것이다. 서로 떨어져 지낸 세월만큼 언어가 달라진 것이다.

이중언어사용자로서 장해연 씨는 가끔 양쪽 언어, 그 어느 쪽도 완벽하게 통달하지 못했다는 부족감을 느낄 때가 많다고 한다. 한국인들은 곧잘 스스럼없이 조선족의 연변식 한국어를 고쳐주곤 한다.

▸ 유학생들을 위한 소고춤 연습 현장

'정치 이론은 장악하는 것이 아니라 섭렵하는 것이고요, 현실 정치는 변변한 것이 아니라 능하다고 해야 하고, 우리들의 앞날에는 방조가 되는 것이 아니라 큰 도움이 되어야죠.'

장해연 씨는 같고도 다른 연변 한국어와 남한 한국어를 비교·대조하는 연구로 박사논문을 준비 중이라고 한다. 어휘, 강세, 억양, 문법, 관용어 등 언어 전반에 걸쳐 드러나는 차이는 비록 뿌리가 같더라도 저마다의 방향으로 뻗은 가지의 모양이 다르듯 겪어 온 삶의 차이를 담아내고 있다.

그녀에게 한국 유학은 민족, 역사, 언어, 조상, 혈통에 대한 각별한 관심을 갖게 만든 소중한 시간이었다고 한다. 중국에서는 크게 의식하

▸ 설날 아침 만두를 빚는 장해연 연구원

지도 못했던 조선어, 조선 역사, 조선 문화의 역사를 바로 세워야 한다는 의무감이 든다는 것이다. 같은 언어로 소통하고 비슷한 방식으로 생계를 유지하면서 그저 그렇게 고만고만하게 살았던 조선족으로서의 삶은 그야말로 중국의 소수민족 중 하나일 뿐이었다. 밖으로 나와 자신이 살았던 곳을 살펴보니 조선족은 한국과 중국, 일본, 북한, 러시아가 얽히고설킨 역사와 정치의 소용돌이 속에 있었던 것이다. 중국에 살던 때는 전혀 느끼지 못했던 정체성의 혼란까지 느끼게 되었다고 속내를 털어 놓는다.

한국 가정에는 집집마다 족보가 자랑스럽게 보관되어 있다. 족보는 천 년의 역사를 거슬러 신라 김알지의 후손이라는 집안으로부터 조선조 세종대왕의 형 효령대군의 몇 십대손이라는 집안에 이르기까지 조상의 혈통에 대한 정리와 후손의 계보에 대한 상세한 기록이다.

조선족 중에 이러한 족보를 가지고 있는 집안은 극히 드물다. 모택동에 의해 단행된 중국의 문화대혁명 때, 혹시 신분이 안 좋다는 꼬투리를 잡힐까봐 조선족들은 있던 족보마저 없애야 했기 때문이다. 그 후로도 부모 세대는 먹고 살기만도 힘들다는 이유로 그들의 뿌리와 과거를 보존하는 데 소홀했다. 부모의 고생 덕에 큰 어려움 없이 자라난 자녀들은 조선족을 넘어 중국의 주류를 향해, 세계를 향해 나아가려는 소망을 현실화 할 수 있는 세대가 되었다.

▸ 외국인 유학생들의 한국 가요 공연

자녀 대에 이르러 조선족들은 미처 준비기간을 가질 새도 없이 시장경쟁사회에 휩쓸리면서 한편으로는 한족에 동화되어 중국인이 되어가고 다른 한편으로는 중국 출신 이민자로 다른 나라에서의 정착을 모색하고 있다. 그들은 민족 정체성에 대해 배운 적도 없고 고민할 기회도 갖지 못했다고 한다. 그들의 삶은 그저 중국이 가르쳐 주는 대로 중국의 역사와 문화 안에서만 그들의 인생관과 세계관을 가질 수밖에 없었던 것이다.

방학 때 하숙집 아주머니의 소개로 아르바이트를 한 적이 있다는 장해연 씨는 사슴 농장이 딸린 한 식당에서 겪었던 경험담을 들려주었다. 한국 식당에서 가장 먼저 부딪쳤던 어려움은 낯선 주방 기구의 이름이었다고 한다. '다라이', '스뎅 그릇', '요지', '싹싹이', '후라이팬', '씽크대' 등. 한국인들은 조선족의 말을 대개 알아듣는 데 비해 조선족은 한국인과의 의사소통에서 먹통이 될 때가 많단다. 그것은 한국인들이 영어와 일본어를 섞어 쓰기 때문이다.

'엘리베이터'에서 직진하면……, '시추에이션'이 어떻고……, '리스크'를 관리해야 하며……, '칼라링'을 뽑아……, '박스'채 옮겨다 놓으면……, '무드' 잡는 폼이……, '스타일'이 달라도 한참 달라서……, '코드'가 서로 맞는 사람으로……, '오일'하고 섞어서 써야……등등.

식당 언어에 어느 정도 익숙해질 때가 되자 이번에는 같이 일하는 한국 아줌마들의 지나친 친절과 배려에 넋이 나갈 지경이었단다. 처음 보는 사람에게 반말은 예사이고 이쪽 상황을 제대로 알지도 못하면서 남의 인생까지 간섭하려드는 아줌마들 때문에 적잖이 속이 상했다는 것이다.

'돈 벌려고 한국 왔지?'…… '조선족 며느리들은 돈 생겼다 싶으면 도망가기 일쑤라네.'……, '어이, 조선족 큰 애기, 이리 좀 와봐. 참한 총각 하나 소개해 줄게.'……, '그 총각이 뭐가 어때서 그래? 사지 멀쩡하겠다, 성실하겠다, 돈은 벌면 되는 거고, 심성 좋고 예의바르고, 좀 못 배워서 그렇지, 가방 끈 짧은 것 빼고는 나무랄 데 없는 청년이야. 조선족 총각보다 백배는 낫지.'……, '내가 아가씨를 특별히 생각해서 말해주는 거야.' 등등.

대부분의 한국인들은 조선족이라고 하면 가장 먼저 '못 사는 동포'라는 생각을 한다. 마치 한국에 얻어먹으러 온 사람 취급을 하는 것 같다는 것이다. 한국의 TV에 방송되는 조선족도 도시보다는 시골의 삶을, 있는 집보다는 궁핍한 집을 선별하여 소개하는 것처럼 보인다.

▶ 유학생을 위한 한국어교육 강의실

재미동포의 삶을 방송할 때와는 딴판인 것이다. 재미동포는 주로 가장 성공한 사람이거나, 가장 부유한 사람 위주로 방송을 탄다. 그에 비하면 조선족에 대한 방송은 사건사고이거나 하층민 중심이다. 한국인들의 조선족에 대한 선입견은 미디어의 영향이 크다고 볼 수 있다.

한국을 다녀간 조선족들은 한국에 눌러 살고 싶은 생각이 들기보다는 안면몰수하고 돈을 벌어 하루빨리 한족에 융합하여 중국인으로 살 결심을 하는 경우가 더 많다고 한다. 같은 중국 국적의 사람이라 하더라도 한족에 대한 대우가 다르기 때문이란다. 동포임을 앞세워 다가오는 한국인은 반가운 사람이기는커녕 경계의 대상이 되고 말았다.

이렇게 날이 갈수록 한국인과 조선족의 갈등은 다방면에서 심화되고 있다. 한국인과 조선족은 마치 서로 다른 잣대로 서로를 재면서 서로 틀렸다고 우기고 있는 것처럼 보인다.

장해연 씨는 한국어를 깊이 있게 연구하는 학자로, 연변과 한국에서 사회생활을 해 본 직장인으로, 결혼해서 아내노릇을 하는 주부로, 아들을 키우는 엄마이자 학부모로서 한국인과 조선족의 동질성과 이질성을 다양한 측면에서 살필 수 있었던 현장 체험자 이기도 하다.

앞으로 펼쳐질 장해연 씨의 생생한 경험담은 양측의 입장과 상황을 이해할 수 있는 좋은 실마리가 될 것이다. 새해에는 그녀의 소망대로 서로에 대한 오해와 불신을 버리고 올바른 소통을 할 수 있는 노력들이 곳곳에서 이루어지기를 기대해 본다.

외국인을 대하는 이중적 태도

우리가 흔히 말하는 외국은 미국이다. '외국에서는 동성끼리 손잡고 다니면 이상하게 본대'라거나 '외국인들은 나이를 물어보면 불쾌하게 생각한대'라고 말할 때 그 외국은 대개 미국을 염두에 두고 하는 말이다.

"내가 부산 내려갈 때 KTX에서 외국 사람과 마주앉았는데, 결혼하셨느냐고 했더니 지금은 싱글인데 결혼 한 적이 있다고 해서 애가 있냐고 했더니 그 사람 대답이 가관이더라. 첫 번째 부인한테서는 딸이 하나 있고, 두 번째 부인한테서는 아들 하나, 딸 하나가 있고 세 번째 부인한테서는 아들이 하나 있다나?"

우리는 요즘 들어 부쩍 '외국인을 만났을 때 나이, 결혼 여부, 자식 등과 같은 사적인 질문은 하지 말아야 한다'고 주의를 받는다. 이러한 당부는 특히 미국 여행이 빈번해지면서 나온 말이다.

"내가 외국 사람한테 당신 애인은 어떻게 생겼냐고 하니까 머리는 금발이고 눈동자는 브라운이고 프랑스계 백인이라는 거야. 우리 같으면 키가 얼마고 예쁘고 이렇게 말할 텐데 말야."

다양한 인종이 사는 미국 사람들에게는 머리 색깔, 눈동자 색깔, 피부 색깔이 사람들의 특징을 설명하는 데 가장 손쉬운 방법일 것이다. 반면 똑같은 색깔의 머리, 눈동자, 피부를 가진 한국 사람들에게는 큰지 작은지, 뚱뚱한지 날씬한지가 사람의 생김새를 표현하는 주요 소재가 된다.

문화 차이나 문화 충격에 대한 경험을 말할 때 우리는 보통 미국을 염두에 둔다. 그리고는 미국인들의 비위를 거스르지 않게 말하고 행동하는 법을 익히고자 애를 쓴다. 미국인들에 대한 우리들의 신중한 태도는 국내에서건 국외에서건 마찬가지이다.

그런데 미국 외의 나라 사람들, 특히 아시아 사람에게는 무관심한 것이 우리네 생활 태도이기도 하다. 미국 사람만 만나면 그들에게 맞추려고 적잖이 신경을 쓰는 사람도 미국 외의 다른 나라 사람들에게는 '우리나라 풍습이 원래 그렇다느니, 우리는 그렇게 살 수밖에 없었다'는 식으로 설명하면서 한국문화에 동화되기를 요구한다.

"왜 한국에서는 여자라면 커피를 끓이고 차를 따르는 것이 당연하다고 생각하는 거죠? 사무실에서도 여자들이 차 심부름 하는 것이 보편화되어 있더라구요. 한국 여자들은 참 힘들겠어요. 우리 중국에서는 안 그래요. 남자나 여자나 다 똑같아요."

이렇게 말하는 중국인들을 바라보는 한국인들의 시선은 곱지 못하다. 아마 같은 말을 미국인이 했다면 한국인의 시선은 상당히 다를

► 무주구천동에서 아들과 함께 휴가를 즐기는 장해연 연구원

것이다.

"한국에 왔더니 어디서든 '신토불이'를 외치더라구요. '한국 사람에게는 한국 것만 맞다'거나 '한국 것만 좋다'라고 말하는 것은 지독한 편견 아닌가요? 사실 따져보면 한국 사람들은 한국 것보다 중국 것을 더 많이 쓰고 있어요. 그러면서도 자기가 사용한 것이 중국산이라는 것을 확인하게 되면 무척 불쾌해하는 거예요. 알게 모르게 매일 중국 것을 먹고 마시고 쓴다는 것을 알면서도 말이죠."

► 한국음식을 직접 만들어보는 외국인 유학생들

► 금산사의 가을 풍경에 취한 중국인 유학생

한국인의 일상적 행위와 태도를 지배하는 신념은 여러 가지가 있겠지만, 그 중에서도 가장 영향력이 큰 것은 '우리(we)'라는 개념이다. 일치와 동질성에 대한 가치가 그 무엇보다도 중시되고 있는 것이다. 유교사상에 기반을 둔 단일문화에 대한 믿음은 가히 신화적이라 할 만하다. 이런 사고방식은 한국의 생활문화 전반에 걸쳐 깊이 뿌리를 내리고 있다.

이런 요소들은 외국인들이 한국문화를 접했을 때 가장 이해하기 어려우면서도 일상적으로 늘 겪게 되는 큰 어려움으로 작용한다. 외국인의 입장에서 본다면 동질감을 강조하는 한국문화는 외부인(outsider)들이 가진 다양성과 특색을 인정하지 않는 상당히 완고하고 배타적인 문화로 인식되고 있다.

► 외국인 유학생을 위한 한국의 음식 문화 수업 시간

외국인들이 이구동성으로 하는 말은 개인적으로 한국인을 만나면, 지나칠 정도로 외국인들에게 친절하고 다정하다는 것이다. 그런데 외국인들이 겪는 대부분의 문제는 외국인을 배제하는 일상적인 관습과 생활 태도에서 비롯된다고 한다.

정부나 지자체가 외국인들을 대상으로 한국의 매력을 높이고 한국에 우호적인 감정을 갖게 하기 위해 많은 노력을 기울이고 있긴 하다. 그렇지만 한국에 대한 호감은 특별한 볼거리를 만들거나 시끌벅적한 행사를 추진하는 데에서 나오지 않는다. 외국인들로 하여금 한국에 대해 아름다운 인상을 갖게 하기 위한 열쇠는 눈을 사로잡는 것이 아니다. 눈에 덜 띄더라도, 외국인들의 일상생활에 세심한 배려를 기울이는 마음 씀이 훨씬 더 시급하고 중요한 일이다.

▸ 중국 유학생들의 난타 공연 : 대야, 쓰레기통, 물병 등이 동원되었다

사투리는 생존어였다

한국 사람들은 인사할 때 뭐라고 합니까?

"뭐뎌."

▸ 전주 국제결혼여성이민자 대상 한국문화 수업 현장

기상천외한 대답이 나왔다. 많은 외국인 학생들이 고개를 끄덕인다. 그들의 설명을 듣자하니, 한국 사람들은 대부분 '안녕하세요'대신 상대방의 어깨를 툭 치며 '뭐 해?'라거나 '왔어?'라고 인사하더라는 것이다.

한국어 수업을 끝내고 한국어 선생님들과 수업 시간에 있었던 이야기를 나누면 한바탕 웃음바다가 된다. 한국어를 배우는 외국인 학생들의 대답을 들으면서 우리들은 스스로도 거의 인식하지 못했던 우리네 언어 습관을 새롭게 바라보게 되었다.

► 비슷한 종류의 베트남 음식과 한국음식

"이럴 때는 이렇게 말합니다. '머리를 빗다', '머리를 묶다', '머리를 땋다.'"

한국어의 이해를 돕기 위해 비디오 자료까지 동원해서 열심히 설명하고 있는데, 갑자기 한 외국인 여성이 손을 든다.

"'머리를 묶다' 아니야. '머리 짬매다'지."

한국어를 배우는 외국인 학생이 한국어 선생님을 가르치려 든다. 더 가관인 것은 서로 자기가 알고 있는 한국어가 맞다고 우기는 것이다.

"'짬매다' 아니야. '쫌매다'."

이쯤 되면 기가 막힌다.

"표준어로는 '머리를 묶다'가 맞는데, 전라도 사투리는 '짬매다'라고도 하고 '쫌매다'라고도 합니다. 다음은 '관광'에 대해서 공부합시다. '관광', '관광버스' '관광지', '효도 관광', '여가 ', '여가 생활', '여가 문화'…"

"나, '관광' 알어. '효도 관광' 알어. '여가' 알어. '여가 꼬치장이 있다{여기 고추장이 있다}', '여가 내 신발이 있네{여기에 내 신발이 있네}', '모다들 여가 있네{모두들 여기 있네}."

▸ 이주민들을 위한 한국민요수업 현장

미처 생각지도 못한 사태가 발생했다. 진지하게 수업에 임하고 있는 이주 여성들을 바라보면서도 '쿡'하고 웃음이 터지는 것을 참을 수 없었다. 갑자기 방송인 로버트 할리(Robert Holley) 씨가 떠오른다. 그는 경상도 사투리를 유창하게 구사하는 미국계 한국인으로 널리 알려져 있다. 이주민들에게 한국어를 가르칠 때 표준어와 함께 사투리도 가르쳐야 한다는 생각이 들기 시작한 것이다.

▸ 이주민을 위한 한국어 강의실

한국 사람들에게 사투리는 지역 방언에 지나지 않지만 이주여성들에게는 사투리가 생존어라는 것을 한참 후에야 절실히 느끼게 되었다. '바구니'를 '소쿠리'로, '부추김치'를 '솔김치'로, '냉이'를 '달룽개'로 말해야만 의사소통이 되는 현실을 인정해야 하는 것이다.

표준어는 '서울의 교양 있는 사람들'이 사용하는 말이다. 그런데 한국말은 서울의 교양 있는 사람들만이 사용할 수 있는 그들만의 전유물이 아니다. 자신이 살고 있는 지역에서 서로 알아들을 수 있는 말이 무엇보다 중요하다. 어떤 사람도 생활인이 아닐 수 없기 때문이다.

말이 다르면 이질감을 느끼기 때문에 서로 낯선 감정을 갖게 될 수밖에 없다. 이주민들에게 표준어만 가르친다면 그들은 집안에서뿐만 아니라 지역사회에서까지 단절될 가능성이 크다. 말의 단절은 곧 삶의 단절로 이어지기 때문이다.

한류 열풍은 한국을 찾는 많은 유학생과 함께 이주민들을 양산했다. 이주민 덕분에 사투리가 뜻밖의 새로운 활로를 찾게 되는 이변이 생겼다. 사투리가 한국말의 하나로서 교육 자료로까지 등극하게된 것이다.

다음은 우리네 어머니들이 사용하는 한국말이다. 다음과 같이 말하는 시어머니와 함께 살면서 일상을 보내야 하는 이주여성들에게 우리는 한국말을 어떻게 교육해야 할까.

마냐게 닥꽝 가튼 거 다믈라면.{만약에 단무지 같은 거 담으려면.}

그거또 인자 소그므로 다믕게 닥꽝을 다마, 담는다고 히야지. 무수닥꽝 담는다고.{그것도 이제 소금으로 담으니까 단무지를 담아, 담는다고 해야지. 무 단무지 담는다고.}

무수를 그냥…무수가 이르케 허먼 뿐지러지죠?…뿐지러지제.{무를 그냥…무가 이렇게 하면 분지러지죠? 분지러지지.}

▸ 이주민들과 한국문화교사들을 위한 한국음식 체험교육

근데 소그메다가 어트케 허며는 그 다음부터는 안 뿐지러지자나요?{그런데 소금에다가 어떻게 하면은 그 다음부터는 안 분지러지잖아요?}

언자 가니 주긍게 안 뿐지러지제.{이제 간이 죽으니까 안 분질러지지.}

소금 가늘 머긍게 무수도 안 뿐지러져.{소금 간을 먹으니까 무도 안 분질러져.}

▸ 순창군 다문화가족과 한국어 강사들이 함께한 다국적 점심 식사

그먼 그럴 때 무수를 저레따고 안 그래? 저린 무수라고 안 그래?{그러면 그럴 때 무를 절였다고 안 그래? 저린 무라고 안 그래?}

그건 인자 닥꽝을 다마따고 히야지, 닥꽝 무수는.{그건 이제 단무지를 담았다고 해야지, 단무지 무는.}

이르케 매달아, 뽀바서 이케 진 노믈 매다라서 고놈 조케 싸득싸득허니 몰라.{이렇게 매달아, 뽑아서 이렇게 긴 놈을 매달아서 고놈 조금 싸득싸득하게 말려.}

그러머는 인제 이 나락 재에다가 소곰 너코 거그다가 인자 머 물깜도 너코 당거 또 너코 히가꼬, 고놈 한 지끼 무수 한 지끼, 재 한 지끼 무수 한 지끼썩 콱 눌러놔.{그러면은 이제 이 나락 재에다가 소금 넣고, 거기에다가 이제 뭐 물감도 넣고 단 것도 넣고 해서, 그 놈 한 층 무 한 층, 재 한 층, 무 한 층씩 콱 눌러놓아.}

그러먼 인자 지 소게서 무리 나가꼬 닥꽝이 만드라지제.{그러면 이제 김치 속에서 물이 나서 단무지가 만들어지지.}

그먼 닥꽝은 그러케 만들고 김치는 어트게 다마요?{그러면 단무지는 그렇게 만들고 김치는 어떻게 담아요?}

아 긍게 김치는, 배추김치는 고로케 당과놔따가 시쳐서 물 빠지면 인자 양님 히서 담는 거고, 무수는 인자 뚝뚝 써러서 고놈도 인자 소곰

조께 너코 고추까루 좀 너코, 고로케 해서 다마, 무수도.{아 그 김치는 게, 배추김치는 고렇게 담가놓았다가 씻어서 물 빠지면 이제 양념 해서 담는 것이고, 무는 이제 뚝뚝 썰어서 고놈도 이제 소금 조금 넣고 고춧가루 좀 넣고, 고렇게 해서 담아, 무도.}

깍띠기도 고로케 담고.{깍두기도 그렇게 담고.}

그러면 인자 고놈 인저 요만써게 넉떡넙떡허게 고로케 히 놔따가, 배추김치 한 지끼 노코 요런놈 무수 한 지끼썩, 하낙썩 노코, 또 고로케 한 지끼 한 지끼 허먼자 고놈 하낙썩 머그머는 마싣쩨, 시언허니.{그러면 이제 고놈 이제 요만씩하게 넙덕넙덕하게 고렇게 해 놓았다가, 배추김치 한 층 놓고 요런놈 무 한 층씩, 하나씩 놓고, 또 고로케 한 층 한 층 하면 이제 고놈 하나씩 먹으면은 맛있지, 시원하니.}

조선족 이모

'이모'라는 호칭에는 정감이 배어있다. '이모'는 엄마와 가장 비슷한 느낌을 주는 사람이다. '이모'라고 하면 엄마만큼은 아니래도 엄마처럼 늘 음식을 만들어주고 보살펴주고 돌봐줄 수 있는 존재라는 믿음이 실린다. 그래서 음식점에 가면 사람들은 너나없이 '이모'를 찾는다.

"이모! 밥 한 그릇 더 줘요.", "이모! 후식 있어요?"

얼마 전부터는 '조선족 이모'라는 말을 자주 듣게 되었다. 처음에는 음식점에서였다. 손님들은 한국 식당에서 일하는 조선족 여성들에게 같은 동포라는 동질감과 친근감의 표시로 그렇게 불렀다. '중국 이모'나 '일본 이모'라는 호칭은 어색해도 '조선족 이모'라는 호칭에서는 그야말로 친척 냄새가 물씬 풍겼다.

최근에는 '조선족 이모'를 식당보다 주택가에서 더 많이 만난다. 장사 안 되는 식당이 늘어나고 원화 가치가 떨어지면서 '조선족 이모'들은 한국인 가정에 입주할 수 있는 일자리를 더 선호한다. 마침 한국의 맞벌이 부부들도 노년을 즐기려는 할머니들이 늘어남에 따라 '조선족 이모'에 의지할 수밖에 없게 되었다.

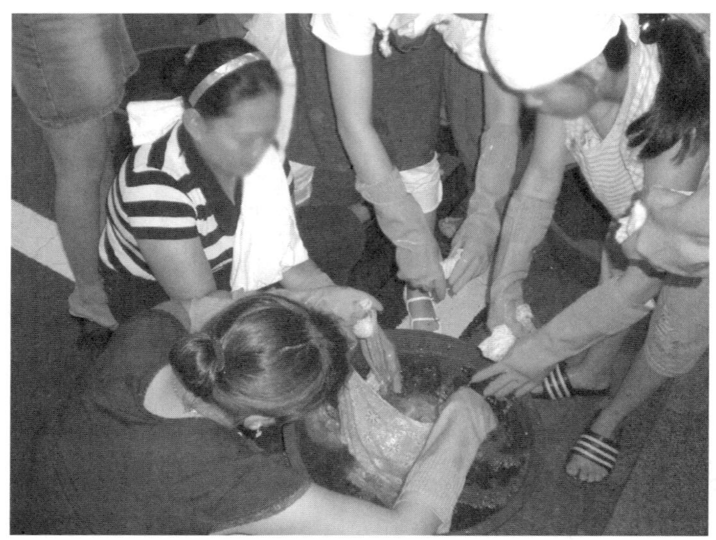

▸ 이주민을 위한 한국 전통염색체험 수업 현장

이제 '조선족 이모'가 한국 아이들을 키우는 모습은 흔한 풍경이 되었다. 그 뿐만이 아니다. 원어민 영어 강사들의 수요가 늘면서 그들의 체류기간이 길어지자 '조선족 이모'는 영어 강사들의 가정에서도 그들의 음식을 책임지거나 아이들을 양육한다. 외국인과 그 아이들은 '조선족 이모'를 통해 한국을 배우고 있다. 그들에게는 '조선족 이모'의 말이 한국어이고 '조선족 이모'가 해 주는 음식이 '한국 음식'이고 '조선족 이모'의 행동 하나하나가 한국의 풍습이었다.

대부분의 영어 강사들은 한국인과 조선족의 차이를 크게 느끼지 못한다. 그들은 '조선족 이모'가 아이들에게 헌신하는 모습에 탄복하면서 중국에서처럼 아이들을 너무 받들어 키우는 것에 내심 불안해하는 정도였다. '조선족 이모'에게 아이를 맡긴 한국인 부부들은 여러 가지 걱정거리를 달고 산다. 아이가 부모와 지내는 시간은 잠 잘 때를 제외하고 고작 3~4시간인데 조선족 이모와 함께 하는 시간은 10시간이 넘는다는 것이다. 그래서 아이는 자연스레 조선족 한국말을 익히게 되고 조선족 음식 맛에 길들여지는 한편 중국식 사고방식의 영향을 받게 된다는 것이다.

처음에는 '조선족 이모'가 아이에게 한국말과 중국말, 둘 다를 가르쳐 줄 수 있어 이중언어교육의 효과가 있으리라고 생각했는데, 정작 아이는 한국말과 중국말 둘 다 서툴 뿐만 아니라 두 언어 사이에서 혼란을 겪고 있다고도 한다. 음식도 볶거나 튀기는 중국식 조리법과 무치거나 찌는 한국식이 혼합되어 국적불명의 식탁이 차려지기 일쑤라는 것이다. 아이를 양육하는 방식도 한국의 전통 방식과 중국식이 섞여 무엇을 말리고 무엇을 권장해야할지 난감하다는 것이다. 게다가 아이는, 자주 볼 수 없는 부모보다 항상 곁에 있는 '조선족 이모'를 더 따르고 더 좋아한다는 것이다.

조선족 유학생인 장해연 씨는 한국의 학습지 선생님을 '이모'라고 부르고 있었다. 어린 아들을 키우며 유학생활을 하고 있는 그녀는 아들이 완벽한 한국어를 구사할 수 있도록 상당한 노력을 기울이고 있었다. 조선족 아이는 엄마의 희망대로 좀더 나은 미래를 준비하기 위해 한국어 조기 교육을 받아야 했고 그래서 한국어를 가르쳐주는 원어민 '한국 이모'가 생겼던 것이다.

► 밤과 대추를 곁들인 갈비찜

어느덧 우리 사회는 '조선족 이모'와 한 집에서 한 솥밥을 먹고 살 수밖에 없는 사이가 되었다. 한국인과 조선족은 유사한 문화적 배경을 지닌 한 민족이기에 가까이 할 일이 점점 더 많아지고 있다. '조선족 이모', '한국 이모'라는 호칭처럼 한국인과 조선족은 한 가족과 같이 한 문화를 이뤄야 하는 것이 불가피하게 되었다. 날이 갈수록 둘 사이에는 정치 이념이나 경제적 차이를 넘어 문화적 결속이 절대적으로 요청되고 있는 것이다.

그런데 현실은 정반대의 길로 나아가고 있다. 한국인과 조선족은 가까이할수록 결속되기는커녕 충돌의 강도가 더 커지고 있다. 멀리 있을 때는 동질감을 느꼈다가도 같이 있어보면 근본적으로 차이가 있다는 것이다. 그래서 한국인은 조선족을, 조선족은 한국인을 서로 이중적인 사람들이라고 말한다. 이에 대해 장해연 씨는 다음과 같이 조심스럽게 자신의 의견을 피력했다.

▸ 이주민을 위한 사물놀이 공연 현장

조선족의 이중성은 역사의 산물이고 조선족의 운명이라고 생각합니다. 조선족은 중국에서 태어나 중국어를 사용하고 중국에 거주했기 때문에 중국인이라는 정체성이 강해졌다고 생각합니다. 조선족은 국제 경기에서 당연히 중국을 먼저 응원하지만 그 다음으로는 한국이 이겼을 때 가장 좋아하는 사람들입니다. 이건 한국에 대해 애정이 있다는 증거죠. 잃어버린 뿌리에 대한 연민이 있는 것은 당연한 것이라고 생각합니다.

역사를 거슬러 올라가보면 조선족은 조국인 한국에서 땅을 잃고 살길이 없었기 때문에 중국으로 간 사람들의 후예가 대부분입니다. 그렇기 때문에 살 수 있게 배려해준 중국이 고마울 수밖에요. 이방인에게 땅을 내 준 중국이 고맙고 중국 내에서 중국인과 똑같은 권리를 가질 수 있게 해준 것에 대해 감사함을 느끼고 있습니다.

저희는 한국의 화교와 조선족을 비교해봅니다. 지금은 많이 좋아졌지만 한국의 화교는 한국에서 땅도 살 수 없었고 공무원시험 응시도 불가능했다고 들었습니다. 이는 그들이 한국에서 살 수 있는 권리를 빼앗은 것이나 다름없다고 봅니다. 그렇기 때문에 화교들은 한국에 살고 있으면서도 자기들은 영원히 중국 사람이라고 생각합니다.

중국은 한국과 달랐습니다. 물론 55개 소수민족이 함께 사는 특수한 환경을 가진 중국이 소수민족에 대해 한국과 같은 정책을 펼쳤다면 아마 이는 중국이 자멸하는 길이었을 수 있죠. 그래서 그런지 중국은 민족 대융합을 선택했고 소수민족에게 자치를 할 수 있는 권리를 주면서 조용히 살기만을 요구했습니다. 중국 정부에서 한국이 화교를 대하는 것처럼 조선족에게 냉정하게 했다면 당연히 조선족도 한국의 편에 서서 스스로를 영원한 조선인이라고 생각했을 것입니다. 조선족이 이중성을 가지게 된 첫 번째 요인은 이러한 역사적·환경적 특수성 때문이었을 것 같습니다.

중국에서는 조선족이라는 이유로 불편함을 느끼지 못했습니다. 조선족들만 사는 하나의 작은 공동체에서 생활했기 때문에 그런 것 같습니다. 그러다가 조선족은 한중 수교이후 코리안 드림을 안고 한국에 들어오기 시작했습니다. 한국에 오니까 우리 조선족을 동포라고 불렀습니다. 같은 뿌리를 운운하며 너희는 우리 편이어야 한다고 말하는 사람이 많았습니다. 조선족이 한국 대신 중국을 응원하면 많은 한국 사람들이 낯설어하거나 배반감을 느낀다고 했습니다. 하지만 조선족의 국적은 엄연히 중국으로 되어 있었기 때문에 불법체류자강제추방이 시행될 때면 조선족은 동포가 아니라 중국인으로 취급받았습니다. 더구나 많은 조선족들이 임금착취며 차별 등의 문제로 점점 한국에 실망하게 되었습니다. 이런 일들이 반복되면서 점차 한국에 대한 원망의 골이 깊어진 것입니다. 어떤 때는 동포를 운운하다가도 또 어떤 때는 불법체류자라로 부르면서 강제추방 시키는 한국인들이 이중적으로 느껴지는 것입니다. 미국에 사는 동포나 일본에 있는 동포들과 조선족은 같은 동포라도 상당히 다른 환경에 처해있는 것이죠.

손바닥은 마주쳐야 소리가 납니다. 일방적인 싸움이 있을 수 없듯이 서로에게 모두 그릇된 점이 있음을 자각하고 서로 융합하도록 노력해야 합니다. 저는 한국에 살면서 조선족이 처한 환경을 정확히 이해하고 사랑을 베풀며 따뜻한 위로의 말을 해주는 사람들을 많이 봤습니다. 어디에나 올바른 사고를 가지고 있는 사람도 있고 잘못된 사고를 가지고 있는 사람이 있습니다. 조선족도 마찬가지입니다. 조선족들 중에도 한국에 상당한 애정을 가지고 한국과의 관계가 융합으로 나아가기를 바라는 사람들이 많습니다. 이러한 부류의 조선족은 아마도 한국에 돈 벌기 위해 일하러 온 경험이 있었던 사람이 아니라 보다 나은 상황에서 한국인과 진정한 우정을 나눠본 사람들일 것입니다.

우리는 오랜 시간동안 서로 떨어져 있었기 때문에 서로에게 너무나 궁금한 게 많습니다. 서로를 잘 모른다는 뜻이죠. 그래서 어느 한 사람의 말과 행동을 겪은 소박한 경험으로 한국 사람은 이러하고 또한 조선족은 이러하다는 말을 쉽게, 많이 하는 것 같습니다. 지레짐작하기보다는 궁금한 점을 정확히 알려고 해야겠죠.

이제 한국과 조선족은 돈이나 물질만 거래할 게 아니라 인격과 마음을 거래해야 합니다. 서로 신용을 쌓고 서로를 새로운 마음으로 다시 보아야 한다는 것을 깨달아야 합니다. 지금까지는 한국인과 조선족 동포들이 서로 이용할 생각이 컸고 그렇게 오해받을 행동을 많이 했던 것 같습니다. 아니 솔직히 말한다면 물질과 돈을 그 무엇보다도 중요하게 생각했던 데에 큰 원인이 있었던 것 같습니다. 그러다보니 상대방에 대해 이해하거나 사랑하는 마음을 가질 겨를이 없었는지도 모릅니다. 이제 서로의 차이를 미워할 게 아니라 서로 잘 몰랐던 점을 반성해야 할 것 같습니다. 그동안 한국과 조선족 동포 사회에서 발생한 여러 문제를 간과하거나 외면하지 말고 서로 잘 풀어나갈 수 있도록 연구와 노력을 많이 해야 합니다. 결과적으로 한국과 조선족이 서로 이해함으로써 가까워지도록 해야 합니다. 한국과 조선족 사이가 중국 항주만 다리보다 더 탄탄하고 시원하게 뻗은 다리가 되었으면 좋겠습니다.

외톨이를 벗어나 어울림으로

서로 소통이 되지 않는 것은 그 자체만으로도 큰 고역이다. 한국에 온지 얼마 되지 않은 이주여성들은 한국어뿐만 아니라 한국 사람들의 표정과 몸짓까지도 이해하기 어려워 일상이 불편하다고 말한다.

"가족들이 모두들 저만 쳐다보며 뭐라고 하는데 무슨 말인지 전혀 알아들을 수가 없어서 외로워요. 하루 종일 아무 말도 하지 않고 그저 가만히 있을 수밖에 없어요. 사과 깎는 모습도 이상하게 바라보고 깎아놓은 사과를 소금에 찍어먹는 것도 신기하게 바라보는 한국 사람들의 태도는 사람을 주눅 들게 해요.… 집밖에 나갈 일도 없고 친구를 만날 수도 없으니 남편 하나 기다리는 낙으로 사는 거예요.… 언젠가 일찍 들어 온 남편이 반가워서 애정 표현으로 뺨을 살짝 토닥거렸는데 남편이 눈을 휘둥그렇게 뜨고 기겁을 하는 거예요. 서글퍼요."

그야말로 의사불통의 난국이다.

최근에는 한국살이 경력이 오래 된 선배 이주여성들이 이런 문제를 해결하겠다고 나서고 있다. 이른바 멘토 역할을 자청하는 것이다.

▶ 한국체험을 이야기 하는 베트남 출신 이주민

우연히 알게 된 베트남 출신의 이주여성은 본인의 한국살이 경험을 들려주면서 한국 사람을 탓할 것이 아니라 이주여성들이 적극적으로 한국인에게 다가가야 한다고 주장했다. 아쉬운 사람이 우물을 파야한다는 식이다.

한국에 입국하자마자 임신을 하게 된 그녀 또한 처음에는 친구는커녕 아는 사람도 없어서 자나 깨나 고향에 계시는 부모님 생각만 했다고 한다. 그렇게 지내다보니 점차 왜 살아야 하는지 삶에 대한 의미가 사라지더라는 것이다.

"내가 이렇게 살려고 한국까지 왔나?"

▸ 베트남 출신 이주민에 대한 자원봉사자 모임

그녀는 자신의 일상을 바꾸기로 결심하고 한국 사람에게 먼저 다가가기 시작했다고 한다. 그 첫 번째 방법은 그저 인사를 하는 것이었다. "안녕하세요?"를 연발하면서 아는 척을 했더니 그간 멀뚱하게 쳐다만 보던 한국 사람들이 웃으면서 반겨주더라는 것이다. 인사로 안면을 트고 나니 사과를 깎아서 소금과 후춧가루, 고춧가루를 섞어서 찍어 줘도 선선히 건네받으며 '이렇게 먹으니 색다르다'고 감탄하면서 베트남 문화에 대해 알고자 하더란다.

> "내가 아는 집은 베트남 여자가 베개 밑에 칼을 넣어 두었다고 난리가 났었어. 하마터면 외국인 며느리한테 아들 잃을 뻔했다고 그 집 할머니가 훌훌 뛰었지. 베트남 여자들은 왜 그런 짓을 하는 거야?"

베개 밑이나 속에 칼을 넣어두는 것 때문에 베트남 출신 이주여성들은 가장 크게 오해를 받는다고 한다. 베트남에서는 잠 잘 때 깜짝깜짝 놀라거나 가위 눌리는 것을 막기 위해 귀신을 쫓는 의미로 베개 밑에 칼이나 가위를 넣어둔다는 것이다.

그것뿐만이 아니다. 같은 베트남 출신이라도 북쪽에서 온 사람과 남쪽에서 온 사람은 조금 다르게 행동한다고 한다. 베트남 북쪽에서 온 사람들은 "식사 하세요"라고 말을 건네면서 밥을 먹지만 남쪽에서 온 사람들은 아무 말도 없이 각자 알아서 식사하고 일어나는 식으로 문화 차이가 있다는 것이다. 그런 상황을 모르는 한국 사람들은 똑같은 베트남 사람인데 자기 아내만 특별하게 행동한다고 화를 낸다는 것이다.

▸ 한국 – 베트남 자원봉사 플래카드

또 한국 사람들이 베트남 여성들에게 '문 닫을 줄을 모른다'고 비난하는데, 그것은 주거환경의 차이에서 비롯된 것이라고 한다. 베트남은 집이 넓고 천장이 4m 정도로 높은데다가 대개 문을 열어 놓고 지내는데, 한국은 그에 비해 집이 좁고 천장이 낮은 데도 문을 꼭꼭 닫고 사니 많은 베트남 여성들이 답답하게 느낄 수밖에 없다는 것이다.

문화 차이는 당연한 것인데 한국을 찾아 온 이주여성들이 한국 땅에서 자기 고향의 문화를 고집하려는 태도는 바람직하지 못하다는 것이 그녀의 생각이다. 그래서 그녀는 후배 베트남 이주여성들에게 한국에 왔으니 한국식으로 살아야 한다고 가르친다.

"처음에는 김치를 먹을 수 없었어요. 그런데 가만 보니까 한국 사람들은 매 끼마다 하루도 빼지 않고 김치를 먹는 거예요. 안되겠다 싶더라구요. 그래서 눈을 질끈 감고 한국 사람하고 똑같이 매 끼마다 김치를 열심히 먹었어요. 그랬더니 이제는 김치 없으면 밥을 못 먹을 정도가 됐어요. 음식도 노력을 하면 고쳐져요. 한국에서 살려면 한국 사람이 되려고 노력해야죠."

아이가 초등학교에 들어가면서 그녀는 또 다른 슬픈 경험을 했다고 한다. 아이는 말끝마다 "엄마는 모르잖아!"라거나 "엄마가 아는 게 뭐 있어?"라고 말대답을 하면서 엄마를 무시하더라는 것이다. 그래서 그녀는 쉽게 배울 수 있는 초등학교 수학책을 가지고 혼자 공부를 했다고 한다. 다른 교과서는 한국어가 많아서 이해하기 어려웠지만 수학책은 세계 공통의 기호가 많아서 이해하기가 쉽더란다.

어느 날 숙제하는 아이 곁에 앉아서 그녀는 아이가 어려워하는 수학 문제를 풀어주었다. 그러자 대번에 아이의 태도가 달라지면서 "엄마가 어떻게 한국 수학을 풀어? 엄마가 한국 수학을 잘 하네!"라고 감탄사를 연발하더라는 것이다.

그녀는 '이 때다!' 싶어, 아이를 앉혀놓고 조근 조근 대화를 나누었다고 한다.

"엄마는 너를 낳고 지금까지 정성껏 키웠는데, 엄마가 한국말 좀 못하고 한국에 대해 잘 모른다고 엄마를 무시하면 엄마는 슬퍼서 어떻게 살아? 엄마가 너를 어리다고 무시하고 모른다고 무시하고 힘없다고 무시했다면 네가 어떻게 이렇게 잘 자랄 수 있었을까? 이제 네가 엄마를 도와줘야 엄마도 다른 한국 엄마들처럼 행복하게 살 수 있지. 엄마가 행복하게 사는 것이 싫어?"

그 뒤로 아이는 눈에 띄게 공부를 열심히 하더란다. 아이는 방문교육 오시는 한국어 선생님께 2시간이나 한국어 수업을 받으면서도 따로 스스로 공부하는 습관을 갖게 되었다고 한다.

한국생활에 적응하려고 어떤 노력을 해왔는지에 대한 그녀의 경험담을 들으면서 그 곳에 모인 한국어 선생님들은 서로를 쳐다보며 고개를 끄덕였다.

"그렇지! 저절로 되는 것이 있나? 저렇게 노력했으니 오늘처럼 예쁘고 행복하게 사는 거지."

한국어가 있는 풍경 너머

내가 만난 중국, 중국인
한국에서 외국인으로 살아간다는 의미
한국 교육열 못지 않은 중국
행간의 숨은 뜻을 찾아 떠난 머나먼 여정
소학교가 있는 중국 풍경
한국과 한국인, 거부할 수 없는 매력
한국어를 통해 꿈꾸는 하나 되는 세상

내가 만난 중국, 중국인

나는 중국을 떠올릴 때마다 리지앙 麗江이 가장 먼저 생각이 난다. 사실 리지앙은 내가 사람들에게 강권하다시피 여행을 권유하는 곳이기도 하다. 리지앙이 세상에 그 모습을 드러낸 것은 아이러니하게도 대지진을 통해서이다. 윈난 雲南에 위치한 리지앙은 지진에도 불구하고 거의 손상되지 않은 채 사람들 앞에 그 고색창연한 모습을 보임으로써 사람들의 시선을 단번에 사로잡았다.

리지앙구싱 麗江古城은 1997년 12월 세계문화유산에 등재 이후, 중국인과 세계인들에게 끊임없는 사랑을 받아 왔다. 나시족에 의해 건설된 리지앙구싱은 그만그만한 키의 목조건축물이 그득한 정감어린 곳이다. 이곳에 들어선 이라면 한옥으로 유명한 전주의 한옥마을과는 또 다른 고풍스런 정취를 맛볼 수 있다. 오늘도 세계 각지에서 소문을 듣고 몰려온 사람들은 쓰팡디 四方地에 모여서 손을 잡고 한바탕을 춤을 추며 리장의 매력에 흠뻑 취한다.

특히 겨울에 찾은 이라면 그 푸근한 날씨와 소박한 사람들에 취해서 다른 곳으로 가는 발걸음을 잠시 멈추리라. 나는 한때 이곳에서 세계 각국에서 찾은 이들에게 한국어와 한국문화를 소개할 수 있으면 좋겠다는 생각을 했던 적이 있었다. 낯선 곳을 여행하면서 그 안에서 얼굴을 맞대고 있는 또 다른 문화를 접한다는 것은 얼마나 매력적인 일이던가!

► 리장의 골목길 어귀에서 잠시 여행의 온기를 느끼다.

간혹 서울에서 지도를 손에 들고 어색한 표정으로 주변을 쳐다 보고 있는 외국인들을 만날 때면 리장의 쓰팡디가 생각이 난다. 만약 여행길에서 길을 잃고 헤매다가도 계속 걷다 보면 만나는 광장! 그곳이 리장의 쓰팡디이다. 아마 리장 사람들은 이 광장에서 그들의 만남과 헤어짐, 삶과 죽음을 함께 음미하며 살았을 것이다. 그래서 여행자들은 처음 보았음에도 전혀 어색해하지 않고 지역 사람들과 어울려 덩실덩실 춤판을 벌이면서 그들의 마음을 닮아가고, 그들의 문화를 익혔을 것이다.

▸ 쓰팡디에서 나시족과 함께 어울려 춤을 추는 여행객들

중국을 구성하는 56개 민족은 1개의 한족과 55개의 소수민족을 지칭한다. 하지만 중국 인구의 대대수를 차지하는 한족들 틈에서 소수민족으로 살아간다는 것은 버겁고 눈물겨운 일이다. 우리의 해외동포인 조선족들도 예외는 아니다. 눈치 빠른 이는 대충 짐작했겠지만 절대 대수 앞에서 소수는 그 목소리를 제대로 내기 어렵기 때문이다.

중국 정부에서 소수민족을 위한 특별조치를 한다는 말도 있지만 그게 결코 쉽지만은 않은 게 현실이다. 한국에서조차 영남과 호남으로 구별되는 지역감정의 골을 극복하기 어려운 실정이니 중국에서야 더 이상 말할 필요가 없는 것이다.

우리의 주민등록증과 같은 의미의 중국 공민증에는 그 사람이 어느 족 출신인지가 표시되어 있다. 중국 전인구의 불과 몇 %에 지나지 않은 소수민족이지만 그들의 정체성을 위한 노력은 중앙정부 차원에서 지속적으로 진행되어왔다고 한다. 하지만 시대의 흐름은 거스를 수가 없어서 젊은이들은 도시로 향하고 대다수의 나이든 이들만이 농촌을 지키는 일이 점차 많아지고 있다. 예전의 우리가 그랬듯이, 그래서인지 중국 각지를 여행하면서 소수민족들을 만나는 그 자체가 내게는 흥겹고 신나는 일이었다.

그들의 순박한 웃음과 넉넉한 인심은 우리네 시골마을의 후덕한 얼굴들을 떠올리게 만들었다. 단순히 중국 정착 초창기에 들었던 시골사람들에게 100위엔을 주면 놀라서 도망간다던 이야기 때문만은 아니었다. 덕분에 낯선 여행지의 고단한 발걸음은 그들로 인해 더 풍성해졌고 느긋해졌다. 아마 10년, 20년 후에 우리가 접하는 세상은 지금과는 상당히 달라질 것이지만,

한국어 수업을 하다 보면 대개의 교재에는 한국의 유명한 명승지를 소개하는 부분이 나온다. 하지만 대부분 공감하시겠지만 각 명승지에서는 어렵지 않게 똑같은 제품을 발견할 수 있다. 실제로 그 지역의 특산물이라 할 수 있는 종목은 농수산물을 제외하고는 딱히 찾아보기 힘들다.

그것이 인건비 때문인지 아이디어 때문인지는 알 수 없지만 외국인의 입장에서 본다면 비슷비슷한 상품이 어디 가나 있는 셈이다. 그때마다 아쉬운 느낌을 지울 수 없다. 적어도 중국 윈난에서는 달랐기 때문이다.

그림문자를 만들어 사용한 민족이라 그런지 윈난에 사는 이들은 풍부한 문화적 감수성을 바탕으로 자신들만의 세계를 만들어냈다. 그래서 그림이나 글씨만 봐도 그들의 작품이라는걸 어렵지 않게 짐작할 수 있게 한다.

▸ 중국 윈난 지방의 특산물, 오늘도 장인을 꿈꾸는 이들을 만날 수 있다.

일일이 손으로 채색하고 섬세하게 조각한 작품은 수공이기 때문에 갖는 오묘한 매력을 여행자들이 감히 피해가기 어렵게 만든다. 그동안 중국인들의 호방함만을 떠올렸던 나로서는 색다른 느낌을 던져주는 작품들을 보면서 중국의 묘한 매력에 다시금 빠져들 수 있었다.

소수민족의 또 다른 매력은 복장이다. 소수민족의 전통 복장은 화려하고 이채롭기 때문에 관광객들의 눈길을 사로잡는다. 외국인들이 우리나라의 관광지에서 한복을 기념으로 입어보듯이, 외국인들은 소수민족의 전통 복장을 입어보거나 그들과 함께 사진을 찍는데 기꺼이 돈을 지불한다. 아래 사진은 윈난에 있는 웨이롱쉐산 玉龍雪山에서 찍은 것으로, 중국을 여행하면서 유일하게 모델료를 지불한 것이다.

▸ 웨이롱쉐산에서 모델료를 지불하고 찍은 사진

처음에는 사진을 당연히 찍을 수 있는 줄 알고 생각 없이 찍었는데 나중에 웃으면서 사진 배경 값을 달라 해서 멋쩍었던 기억이 난다. 오른쪽에 나온 소녀의 모습에서 짐작할 수 있듯이, 비록 모델료를 받으면서 살아가기는 해도 태생적인 어색함은 어쩔 수 없나 보다.

중국을 여행하다 보면 도시 거리에서 마작을 하거나 포커를 들고 있는 풍경을 발견하기가 어렵지 않다. 다소 생소하게 느껴질 수 있는 그 모습은 이방인들이 중국인들의 다양한 세계를 이해하는 하나의 실마리가 되지 않을까 싶다. 어떤 이는 그들의 모습에서 중국의 가슴 아픈 상처인 아편전쟁의 흔적을 떠올릴지도 모른다.

또 다른 측면에서 본다면, 길거리에서 마작이나 포커판을 벌이는 그들의 여유 자적한 모습은 장기판을 벌이는 우리네 모습과 묘하게 닮아 있다. 그들은 마작을 하면서 포커판을 벌이면서 문화대혁명을 비롯하여 고단한 시대의 풍파를 헤쳐 나가는 힘을 얻지 않았을까! 아니 어쩌면 생활의 여유를 음미하는 이런 모습이야말로 중국인들의 문화를 창출하는 원동력이 되지 않았을까 하는 생각을 하곤 한다.

▸ 중국거리에서 쉽게 접할 수 있는 모습, 언젠가 이 사진도 그리운 풍경이 될 것이다.

중국을 떠올릴 때면, 중국에서 만난 이들을 빼놓을 수 없다. 처음 중국어를 배우면서 만난 이가 유학생 반주런 班主任 마 라오스 老師이다. 우리로 따지면 주임교수라 할 수 있는데 강단 있어 보이던 처음 인상과 달리 정감 넘치는 표현과 섬세한 마음 씀씀이로 중국어를 배우는 내게 큰 도움을 주었던 분이다.

객지에서 외국어를 배우다 보면 고향생각이 나고 외롭기 마련이다. 한국어를 배우는 이들이 조사와 경어법에 난감해하듯, 나 역시 중국 고유의 성조 때문에 한동안 애를 먹었다. 내가 청강했던 유학생반 학생들도 그에 못지 않은 유사한 증세를 보였는데, 마 선생은 이들을 위하여 매월 생일선물을 준비해서 학생들을 감동시켰다.

나역시 중국 전통복장을 하고 얼후 二胡를 켜는 인형을 선물 받았다. 이 분은 유학차 왔던 아내의 선생님이기도 해서 이분과 우리 부부는 동시에 한 선생님에게 배운 각별한 인연을 맺기도 했다.

▸ 석도 장보고 유적지에서 마 선생님과 아내

다음을 빼놓을 수 없는 인물이 수수 素素이다. 중국생활 이후 처음으로 여행길에서 우연히 만난 대학 신입생 수수는 대학신입생이었다. 고향이 뤄양 洛陽인 이 친구는 어머니와 함께 산동의 명소인 청산토우 成山頭에 왔다가 나를 만났다. 나는 이 이 어린 친구를 통해 중국어가 정말 아름다운 언어라는 생각을 갖게 되었다. 수수는 중어중문학과 교수인 어머니 덕분에 어린시절부터 혹독하게 중국어를 배워서 그런지 다른 학생들보다 발음이 명확하고 듣기에 훨씬 편했다.

예전에 코란을 들으면 아름다운 선율 때문에 감동받는다는 말이 있다는 이야기를 들은 적이 있는데, 나는 수수와 이야기를 나누면서 비슷한 느낌을 받았다. 이후 학교 교정에서 가끔 만날 때마다 자전거를 타고 가던 그 친구가 건네는 인사말이 얼마나 정겹던지.

중국에서 만난 사람들과 중국여행을 통해 나는 중국의 한 단면안을 엿보았을 뿐이다. 돌이켜보면 그 시절은 지난날 내 생활을 점검해 보고 가족의 소중함을 떠올리게 만든 의미 있는 시간이었다. 하지만 내게 중국이라는 나라는 여전히 미지의 땅이고, 가고픈 곳도 그만큼 많다. 나는 평생 동안 내가 못다 간 길들을 떠올리면서 그 어딘가에서 사람들을 만나고 그들이 흘리고 간 흔적들을 주우며 살아갈 것이다.

그 강건하고 넓은 땅에서 지내는 동안, 우리 아이들은 더 씩씩하고 듬직해져서 돌아왔다. 처음 중국 땅을 디딜 때 뒤뚱뒤뚱 걸던 둘째 아이는 이제 내가 따라잡기 어려울 정도로 빠른 속도로 뛰어다닌다. 소학교에서 입학한 첫 학기만에 우등상을 받아와 우리를 깜짝 놀라게 만들었던 큰 아이는 지금도 중국어에 곁들여 영어를 하느라 부산하다.

► 큰 아이가 여행지에서 소수민족 할머니와 사진을 찍었다. 모습이 편안해 보인다.

아이들은 지난 세월을 아름답게 반추한다. 힘든 때도 있었지만 그 시절이 있었기에 우리들은 또 다른 미래를 기약할 수 있다. 가끔 둘째 아이가 중국 이야기를 할 때마다 이런 생각이 든다. 우리가 과연 그 동네에 살다 온 적이 있었던가! 정말 그들과 함께 부대끼고 어울리면서 2년이라는 시간을 보냈던가 하고 말이다.

▸ 중국에서 살던 무렵 둘째 아이가 이제는 추억을 떠올리는 나이가 되었다. 이 아이는 나중에 또 어떤 기억을 되살려낼까?

나는 희망한다. 내가 그랬던 것처럼 이방인들이 한국에서 살면서 반가운 만남과 생의 기쁨을 흠뻑 음미하기를, 오늘도 하루를 시작하는 매순간마다 맨얼굴로 행복과 반갑게 살 부빌 수 있기를, 그리하여 먼 후일 그들도 자신들의 삶을 돌이켜 보면서 한국과 한국인들에게 마음으로부터 뜨거운 박수를 보낼 수 있기를,

한국에서 외국인으로 살아간다는 의미

"왜 한국 사람들은 중국 사람들을 '짱꼴라', '짱깨'라고 불러요?"

얼마 전 한국어 수업시간에 한 학생이 내게 질문한 내용이다. 수업하는 입장에서는 참으로 당혹스럽기 짝이 없는 질문이다. 게다가 중국말에는 한국인을 비하하는 말이 없는데, 왜 그러냐는 물음이 집요하게 따라붙는다. 정말 없냐고 물어 보니, 비슷한 말이 있기는 하지만 욕은 아니라고 슬쩍 얼버무린다.

다른 학생들도 연신 고개를 끄덕거리는걸 보면 영 거짓말은 아닌 듯 싶다. 그러고 보니 일일이 열거하지 않아도, 우리말에는 외국인들을 비하하는 말이 제법 된다. 인접한 나라의 중국인이나 일본인이 주로 그 대상이다.

나는 역사적인 배경을 바탕으로 제법 장황하게 설명을 해주었지만 그걸로 중국 학생에게 충분한 설명이 되었을까 의문이다. 과연 그들은 외국인에 대해 갖는 한국인의 극명한 이중성에 대해서 어느 정도나 이해할 수 있을까? 이처럼 외국인에 대한 한국인의 시각을 단순히 한국인의 사고방식만으로 치부해버리기에는 우리들 마음 한구석 깊이 자리한 편견의 골이 너무 깊다.

피부색과 나라에 대한 한국인의 뿌리 깊은 선입관을 이해한다는 게 외국인 입장에서는 결코 쉽지 않은 일이리라. 선입견이나 사람들의 의식이 어느 한순간에 형성되는 것은 아니니까.

그 의문은 혹시 우리들이 갖고 있는 외국인에 대한 편견과 오해 역시 그 나라를 제대로 이해하지 못하는 데서 출발하지는 않을까 하는 생각으로 이어졌다. 나는 고민 끝에 내가 잠시나마 몸 담고 살았던 중국에 대한 이야기로 우리 사회와 다문화의 접점을 찾아보기로 했다. 그리고 그 중국이라는 미지의 세계에 대한 첫 관문을 천하의 명산이라는 황산으로 택했다.

▸ 황산으로 가는 길로 인도해준 버스 내부 풍경이다. 버스 안에는 잠을 잘 수 있도록 세 칸으로 침대가 놓여 있다.

황산은 중국 오악지존五嶽至尊의 으뜸에 해당하는 산이다. 엄밀히 말하면, 중국 안휘성에 위치한 황산은 중국의 10대 명승지이자 유네스코가 세계문화유산으로 지정한 산이다. 또한 중국인들이 가슴으로 섬기며 받아들여온 지 오래다. 그래서인지 중국 사람들은 중국의 가장 뛰어난 명산으로 황산을 꼽는 것을 주저하지 않는다. 금강산이 한국인에게 각별한 의미가 있듯이, 황산 역시 중국인들에게는 단순한 산 이상의 의미를 갖는다. 중국인들의 황산 숭앙은 신앙에 가까울 정도이다. 아마도 한국인들에게 황산은 모 항공사 광고에서 젊은이와 할아버지가 손을 건네며 친구가 되는 산으로 인상 깊게 남아 있을 것이다.

황산으로 가는 길은 낯설고 험난했다. 일단 내가 살던 웨이하이威海에서 난징南京으로 가는 버스를 타기로 했다. 대략 11시간! 한국에서는 감당할 수 없는 거리다. 약간의 스릴과 기대를 안고 탔던 버스는 안에 들어 설 때부터 환상이 깨지기 시작하더니 탈수록 난감, 그 자체였다. 우선 닥친 문제는 시간이 흘러 식사 시간이 되어도 도무지 버스가 설 생각을 하지 않는 것이었다.

우리 일행은 점점 불안해졌다. 더 이상한 것은 승객 누구도 점심 시간이 훌쩍 지났음에도 재촉이나 투정을 하지 않는다는 사실이었다. 남경까지 가는 그 긴 시간동안 허름한 휴게소에 들리고 나서야 우리는 간신히 컵라면 하나로 점심을 해결할 수 있었다.

무료한 시간이 흘러 다시 저녁 시간이 다가왔다. 소요시간이야 대충 알아왔지만 한국과 같으리라고 생각했던 나로서는 낭패가 아닐 수 없었다. 게다가 시간에 무덤덤한 사람들 때문에 슬슬 화가 나기 시작했다. 나는 점차 사람들이 그 긴 시간 동안을 어떻게 버티는가 궁금하기 시작했다. 우리와 달리 사람들은 주섬주섬 자신의 배낭에서 또는 비닐봉투에서 빵이며 과일 등을 꺼내어 먹는 것이 아닌가.

그제야 학생들이 방학 때 집에 가게 되면 기차로 24시간 심지어는 48시간을 앉아서 가기도 한다는 말이 실감이 났다. 언젠가 학생 하나가 집에 가는 길에 군인들이 기차에 가득 타서, 화장실에 갔다 오는 시간만 30분이 걸렸던 적도 있다는 말을 했을 때는 설마하는 생각이 들기도 했었다. 심한 경우, 집까지 24시간을 내내 서서 가는 경우도 있다 하니 정말 말만 들어도 기절할 노릇이었다. 예전에 서울까지 기차 입석을 타면서도 몇 시간을 버티기 힘들었던걸 생각하면 그런 기억일랑 아예 명함도 못 꺼낼 지경이었다.

춘지예(春節)이라고 부르는 구정(한국의 음력 설)에 이동하는 인구가 얼추 10억 이상이라니, 그들이 이동하는 동선을 따라가려면 엄청난 상상력의 내공이 필요하다. 그렇다면 어떻게 중국인들은 24시간, 더 나아가 48시간을 서서 가는 힘을 갖게 된 것일까.

단순히 환경에 순응하며 살아다가 보니 그렇게 된 것으로 보기에는 무리가 있지 않을까 싶기도 했다. 어쩌면 이러한 인내와 정신이야말로 중국인들이 스스로를 대국으로 자랑하게 만든 신념이자 밑바탕이 된 것은 아닐까 하는 생각이 든다.

막상 황산을 만난 첫 느낌은 너무 큰 기대를 해서인지 예상과 달리 평범했다. 하지만 산을 오르면서 나는 황산의 실체를 경험하는 순간, 경악할 수밖에 없었다. 그 엄청난 산의 규모에, 그리고 오르는 사람들에 대해. 그리고 연이어 들었던 생각은 이런 산을 가졌다는 자체가 부럽다는 사실이었다. 그만큼 황산은 내가 예전에 다녀본 한국의 어떤 산과도 비교할 수 없는 존재였고, 아니 도무지 비교 자체가 무의미해 보였다.

대부분의 한국인이라면 누구나 중국인들을 떠올리면 만만디漫漫的가 쉽게 생각날 것이다. 나는 그 만만디의 진정한 의미를 중국의 산들을 오르면서 느꼈다. 산을 오르기 위해서는 케이블카로 쉽게 가는 방법도 있었지만 우리는 조금은 더디게 가는 도보행을 선택했다.

우리가 황산길에서 처음 접한 것은 무수한 돌계단이었다. 처음에는 그러려니 했지만 이내 끝이 보이지 않는 돌계단을 마주하면서 타이샨泰山의 악몽이 떠올랐다.

▸ 사람들은 황산과의 소중한 인연을 오래 간직하기 위해, 자물쇠로 자신의 인연을 묶고는 열쇠는 산 저편에 던져버린다. 연인들은 그렇게 해서 영원한 사랑을 기약한다.

어쩌면 절망감까지 주는 그 막막한 침묵의 더미 앞에서 나는 엄두가 나지 않았다. 정상까지 8시간, 왕복으로는 20시간 가까이 계단이 만든 중국의 힘과 영혼이 서린 거대한 숲을 지나야만 했다. 아마 한국

산을 오를 때와는 전혀 다른 느낌을 주었던 것은 바로 돌계단이 주는 알지 못할 무게 때문이었을 것이다.

일찍이 중국 오악五嶽의 하나라는 태산泰山을 오르면서 맛보았던 그 무게와는 또 다른 기운이 황산이라는 산 전체를 뒤덮고 있다는 느낌을 지울 수 없었다. 하지만 그 느낌 역시 내가 이후 황산의 절벽을 이용하여 만든 허공다리를 보았을 때의 충격에 비하면 아무것도 아니었다. 황산을 오르던 처음에는 감지 못했던 그 무게는 어쩌면 내가 접했던 중국에 대한 절망이었는지도 모른다. 중국이라는 끝을 알 수 없는 나라, 알면 알수록 점점 더 무서워지는 나라가 대자연에서도 그대로 느껴졌기 때문이었다.

돌계단을 하나씩 나르면서, 그 돌계단을 하나씩 완성해가면서 노동을 했던 이들은 무슨 생각을 했을까? 나는 황산에서 중국인들이 자랑해하지 않는 만리장성의 또다른 이면을 보는 느낌을 받았다. 만리장성의 장엄함에 묻힌 많은 이들의 피눈물이 황산의 돌계단 구석구석에도 스며들어 있으리라. 우공이산愚公移山이라는 말이 있다. 우공이 사람들의 비웃음을 뒤로 한 채 묵묵히 산을 옮기는 일을 하듯이, 그들도 언제 끝날지 모르는 일을 했던 것이다.

언제 끝날 지도 모르는 그 일을 한 계단을 만들어가면서 그들은 자신들의 청춘과 목숨을 바쳤을 테지만, 정작 내가 황산에서 만난 가장 인상깊었던 사건 두 가지는 한국어로 된 바지를 입은 아가씨와 대나무로 만든 인력거를 드는 짐꾼들이었다.

► 엉터리 한글이 새겨진 바지. 이걸 보는 순간 한글이 객지에서 고생한다는 느낌이 들었다.

우리 바로 앞에서 산을 오르던 아가씨의 엉덩이 부분에 새겨진 한글을 해독하느라 한참을 고생했지만 결국 해독할 수 없었다. 그냥 웃어넘길 수 있는 해프닝이었지만 한국어를 가르치는 처지의 나로서는 난감할 수밖에. 낯선 곳에서 만나는 한글이나 한국어는 반갑기 그지없지만 과연 이걸 보면서 웃어야 할지 울어야 할지 쉽게 판단이 서지 않았다. 어쩌면 결혼이주여성들이 한국 사회에서 느끼는 괴리감이 이와 유사하지는 않을런지!

다음은 노약자를 위해 만들었으리라 추정되는 중국인 특유의 대나무 인력거! 이 자체가 아마 중국에서만 접할 수 있는 진풍경일 것이다. 황산에서 지켜야할 사항 중 하나가 사람보다 짐꾼이 우선이라는 말이 있을 정도이니 황산에서만 맛볼 수 있는 진경일 수도 있다. 하지만 내 경우는 좀 달랐다. 산을 오르는 동안 육중한 무게처럼 보이는 손님을 태운 인력거가 내 곁을 지나간 적이 있었는데, 그를 태운 짐꾼들은 상대적으로 왜소해서 보는 내내 마음이 좋지 않았다. 어쩌면 보기에 따라서는 지구상에 존재하는 가장 잔인한 노동이 아닐까 싶다.

잠시 상상해 보자. 그냥 걷기에도 버거운 산길을 두 명이 한 조가 되어 손님을 태우고 산을 오른다. 짐꾼들은 가파른 계단을 오직 어깨에만 의존하여 손님을 태우고 험난한 산길을 오르내리는 것이다. 보는 이의 입장에서는 아슬아슬하기 이를 데 없다. 비가 오기라도 하면 그 위의 손님 역시 노심초사할 수밖에 없게 된다. 하지만 어떤 경우라도 짐꾼들은 손님의 안전을 최우선으로 한다고 한다.

어떤 이는 대나무 양쪽 끝에 몇 십 킬로 무게의 짐을 싣고 오르내린다. 그냥 보기에도 상당한 무게가 느껴지는 짐을 맨 몸으로 오르기에도 버거운 계단을 거뜬하게 올라가는 모습을 보고 있노라면 아찔해진다. 짐꾼들은 안휘성이나 인근 성에서 온 이들로 구성되는 데, 농촌의 실업을 해소하는 한편 직업이 안정적이기 때문에 경쟁률이 제법 세다고 한다. 이렇게 몇 년, 몇 십 년을 하다 보면 어깨가 기형적으로 발달하게 된다.

기형적인 어깨의 혹은 자신의 몸을 황산을 바치고 생계를 꾸려가는 운명을 택한 결과이다. 그들이 황산을 택한 이유는 오직 경제적인 문제였다. 그만큼 황산은 그들에게 생계를 책임지게 해 준 고마운 산이며, 자신의 가족을 먹여살리는 든든한 직장인 셈이다.

근래 들어 중국의 실업이 심각하다는 이야기를 자주 듣는다. 나는 그때마다 내가 만난 중국 황산의 짐꾼들을 생각하게 된다. 오늘도 그들은 자신의 몸을 투자 밑천 삼아 황산과 평생을 같이하면서 생을 마감해야 하는 서글픈 운명을 거듭하고 있을 것이다. 갑자기 모 방송 프로그램에서 나왔던 황산의 짐꾼 사나이가 가슴에 품고 있던 가족사진 한 장이 생각난다.

구겨지고 빛이 바랜 그 사진 속에 등장하는 가족들은 웃고 있었다. 그 순간 나는 땀에 절은 노동자들의 순박한 웃음 너머에서 '희망'이라는 단어를 읽었다. 어쩌면 지금 우리가 만나는 우리 다양한 모습의 이웃들도 그들과 비슷한 꿈을 품으며, 자신과 가족을 위해 용기를 내어 낯선 한국으로 왔을지 모르겠다.

우리 곁에 뿌리 내린 결혼이주여성들이 낯설고 말도 통하지 않는 이역 땅에서 그들이 품고 온 희망의 불씨를 꺼뜨리지 않기 바란다. 지금은 우리가 그들이 건넨 사랑의 불씨를 외면하지 말고 소중히 지켜주어야 할 때이다. 낯선 문화에 대한 편견을 거두고 이해와 관심을 조금씩 넓혀 나가는 일이야말로 이 겨울에 우리가 그들에게 보내는, 서툴지만 꼭 필요한 희망의 인사가 아닐까 싶다.

한국 교육열 못지않은 중국

지금은 한국에서 초등학교에 다니는 아이가 중국 소학교에 다녔던 적이 있었다. 중국의 소학교는 우리나라로 따지면 초등학교에 해당한다.

큰 아이가 처음 입학했던 중국의 소학교 학급 학생 숫자가 60명이었으니 예전에 콩나물교실로 불렸던 한국의 초등학교를 떠올리기에 충분했다. 그런데 이 소학교는 일정하지 않고, 지역에 따라서 5학년이 되기도 하고 6학년이 되기도 한다고 한다. 경우에 따라서는 월반이 이루어지기도 하기 때문에 내가 우연히 만났던 어느 학생은 21살에 이미 대학원생이었다.

큰 아이가 중국학교에 다닐 때 학부모 회의가 있어서 몇 차례 참석할 기회가 있었다. 처음에 가장 놀랐던 일은 학부모들의 교육에 대한 열의이다. 한국에서라면 회사일이나 바쁘다는 핑계로 일부 학부모만이 참석했을 테지만 중국 학부모들은 대부분 참석을 했기 때문이다. 일부는 부모가 함께 온 경우도 있었고 만약 부모가 못 올 경우에는 할아버지나 할머니가 참석하기도 했다.

중국은 국가정책상 대부분 자녀가 1명이다. 도시에서 1명 이상을 낳으면 벌금을 내야하는 등 여러 제약이 있기 때문에 대부분 중국가정의 자녀는 한 명이다. 그래서 생겨난 용어가 '소황제'이다. 오죽했으면 '샤오황띠(소황제少皇帝)'라는 말까지 있겠는가! 한 명밖에 없는 자식이다 보니 부모의 관심사는 온통 아이 교육으로 쏠리게 된다. 한국의 교육열이야 세계적으로 정평이 나 있지만 내 경험으로는 중국인들의 교육열도 그에 못지않다. 아니 그 이상이다.

▸ 한국어 전공 학생들과 야유회에서

자본주의의 혜택을 보고 있기는 하지만 중국은 여전히 사회주의국가이다. 이는 중국의 국가정책을 살펴보면 극명하게 나타난다. 특히 중국의 인구정책은 살벌한 느낌까지 들 정도이다. 도시에서 아이를 한 명 이상 낳을 경우, 벌금을 내야한다는 조치가 대표적이다. 결혼이 가능한 나이가 지역에 따라 다르다는 것은 인정할 수 있다. 하지만 임신을 하기 위해서는 사전에 국가의 허락을 받아야 한다는 이야기를 들었을 때는 충격이었다.

중국의 인구정책은 1973년부터 '한 자녀 갖기'라는 이름으로 행해졌다. 비록 인구의 팽창을 방지하기 위한 조치라고는 하지만 인구를 통제하기 위한 정책에는 무리가 따르기 마련이다. 특히 가정당 1자녀 정책을 강압적으로 펼치다 보니 남아 초과 현상이 두드러지게 나타난다. 전통에 기반을 둔 뿌리 깊은 남아 선호사상 앞에서 희생을 당하는 것은 가장 큰 피해를 보는 것은 여아들이다. 이에 대한 부작용으로 낙태문제가 해외보도까지 나올 정도이니 우리가 알지 못하는 폐해가 얼마나 심할지에 대해 예상이 가능할 것이다.

하지만 농촌이나 소수 민족의 경우에는 상황이 약간 다르다. 이들에게는 한족에 비해 좀 더 융통성이 발휘된 인구정책이 적용되기 때문이다.

나이든 이라면 "둘만 낳아 잘 기르자", "잘 키운 딸 하나 열 아들 안 부럽다" 등의 표어가 생각날 것이다. 국가가 인구를 통제해야 한다고 믿던 시대에 널리 회자되던 표어이다. 그게 또 바뀌어 지금은 아이를 많이 낳는 것이 애국이고 지역을 살리는 지름길이란다. 심지어 셋째를 낳으면 일정 금액을 지원해주거나 아파트 가격을 할인해주는 지역도 있다고 한다.

그런 이야기를 하면 중국 학생들은 눈을 동그랗게 뜨고 '정말요?'를 연발했다. 사실 그들 입장에서 본다면 신기하기 짝이 없을 지도 모른다. 아이를 낳으면 벌금을 내야 하는 나라와 낳으면 포상을 하는 나라 사이에는 너무 큰 거리가 있지 않은가!

가끔 그런 생각을 한다. 우리 눈앞에 보이는 일들이 얼마나 작고 소소한가. 우리가 살아가는 일도 미래를 생각하면서 지혜롭게 살기에는 너무 멀고 아득하다.

중국의 획일적인 인구정책은 국가의 공식 통계에 잡히지 않는 유령 아이들을 양산했다. 그 결과 그들은 국가 어디에도 자신의 이름을 내세울 수 없는 그림자 인생을 살아가고 있다. 소황제라 불리는 아이들이 부모의 극진한 보살핌과 사랑 속에서 큰다면 이 아이들은 학교에 가지도 못하고 혜택도 받지 못하는 상태에서 비정상적인 인생을 살 수밖에 없게 되는 것이다. 이는 시간이 지나면서 점차 중국의 사회 문제로 대두되고 있는 추세이다.

소황제의 영향 때문인지 자녀가 대학에 입학하면 중국의 학부모들은 학교까지 따라오는 경우가 있다. 그래서 신학기가 시작하는 9월을 앞두고 학교는 입학을 앞둔 학생과 학부모들이 뒤섞여 술렁인다. 신학기 며칠 전부터 대학에 입학한 자녀들을 따라 각 지역에서 자녀의 손을 잡고 상경행렬을 이루는 것이다.

▸ 학교 상점에서 음식을 사기 위해 기다리는 학생들

예전의 한국이 그랬던 것처럼 대학 입학은 집안의 경사이자 가장 큰 행사에 해당한다. 가끔 한국에서도 입학 축하 플래카드가 내걸리기도 하지만 중국도 크게 다르지 않을 것이다. 함께 상경한 부모들은 자녀들이 학교생활에서 필요한 물건도 장만해 주고, 앞으로 생활해야 할 기숙사도 꼼꼼히 살펴본다.

► 적산 법화원에서 한국어과 학생들

비록 허수룩한 옷차림이었지만 그들의 표정에는 자녀에 대한 자부심과 진한 행복감이 진하게 묻어 나 있었다. 자녀들이 앞으로 사용할 담요며 물건들을 들고 학교 안을 오가는 학부모들의 행렬을 보았을 때는 그 모습이 신기하기만 했다. 하지만 얼마 지나지 않아 하나밖에 없는 자녀의 대학생활을 몸으로, 마음으로라도 체험하고 싶어서 며칠씩 일부러 시간을 내어 방문하는 게 이해되었다.

대학생의 모든 일과가 학교 안에서 해결되다 보니 부모들의 신경도 극도로 예민해진다. 특히 기숙사의 경우, 한 번 결정되면 졸업할 때까지 그대로 유지되기 때문에 처음에 어디로 배정되느냐가 초미의 관심사다. 중국에서는 특별한 경우를 제외하고는 모든 학생이 기숙사 생활을 한다. '잠은 기숙사에서, 식사는 식당에서, 공부는 강의실이나 도서관에서'가 중국 학교생활의 정답이다. 모든 생활이 학교 안에서 이루어지다 보니 한국처럼 학교 앞 상권이 발달할 이유가 없다.

자연히 학생들의 행동반경이 학교 안이다 보니 학생들 간의 애정행

각도 각별하다. 길거리에서 진한 키스를 하거나, 늦은 저녁시간이면 으슥한 곳곳에서 부둥켜안고 있는 모습을 심심치 않게 발견할 수 있다. 솔직히 사회주의 국가라는 선입관을 갖고 있던 나로서는 그처럼 자유로운 행동이 경이롭게 여겨지기까지 했다. 심한 경우에는 물건을 사기 위해 나왔다가 보았던 학생들이 집으로 돌아오는 시간까지 껴안고 있는 것을 본 적도 있었다. 그것도 대로변에서.

중국 학생들의 기숙사에는 인원 점검시간이 있고, 이후 기숙사 전체의 불을 끄는 꽌덩關燈시간이 있다. 보통 평일 저녁 10시 30분이면 모든 기숙사는 불이 강제로 꺼진다. 자연스럽게 연애하는 학생들의 마음은 급해진다.

식사를 마치고 이야기를 나누노라면 기숙사로 들어가야 하는 시간이 빠듯하기 때문이다. 더군다나 6명이 한 방을 쓰기 때문에 늦은 시간에는 다른 이들의 눈치를 볼 수밖에 없다. 이런 저런 사정을 이해하다 보니 처음에는 신기하게 보였던 모습들도 나중에는 무덤덤해졌다. 아니나 다를까 지나가는 학생들도 으레 그러려니 하고 대수롭지 않게 여긴다.

중국에서 대학입학 시험을 보는 고교생만 해도 1,000만 명이라 한다. 한국에서 만난 사람들에게 내가 살았던 산동성의 인구가 1억이라고 하면 그 다음부터는 그냥 슬슬 웃으며 넘어가버린다. 여전히 우리에게 중국은 엄청난 인구와 넓은 땅을 가진 나라로 다가온다. 그래서인지 나 역시 중국에 살면서 어지간한 숫자에는 무디어졌지만 지금도 여전히 사람 숫자만 나오면 감당이 되지 않는다.

근래 들어 중국 전역에 대학교가 많이 늘어나기는 했지만 그래도 여전히 좋은 대학에 입학하는 것은 어렵다. 수업을 하면서 몇몇 학생에게 물어보니 자신들이 살던 성省(한국으로 치면 '도'에 해당한다)에서는 몇 십만 명이 대학입학시험을 보고 그중 30여 명만이 이곳 대학에 왔다는 대답을 했다.

그래서인지 베이징대나 칭화대 등 중국 명문학교들은 각 성省에서 최상위권에 해당하는 소수의 천재만이 입학한다는 자부심이 강하다고 한다. 최근 세계적인 경제 불황으로 취업이 중국사회 전체의 화두가 되고 있다. 우리가 예전에 대학을 우골탑으로 불렀던 것처럼 중국도 형편이 크게 다르지 않을 것이다.

요즘 들어 경제와 관련하여 우울한 소식이 자주 들린다. 어디를 가나 먹고 사는 게 문제이다. 중국은 인구가 많은 만큼 최근의 경기 불황에 따른 고통도 그 이상으로 크다. 필자가 근무했던 대학 역시 취업 자체가 학사일정에서 최우선 과제였다. 다행히 한국어학과에 대한 수요는 꾸준해서 졸업 이후 취업이나 대학원 진학 등으로 모든 학생이 좋은 결과를 거둘 수 있었다. 물론 요즘에는 사정이 예전과 많이 달라졌을 것이다. 이 힘든 시기에 어떻게 지내고 있는지 그들이 보고 싶다.

니 하오! 하우지우부찌엔 중꾸어 펑유!(好久不見 中國 朋友)

행간의 숨은 뜻을 찾아 떠난 머나먼 여정

처음 내가 근무하게 될 중국 대학에 갔을 때가 생각난다. 중국생활 초창기 무렵 한동안 가장 당혹스러웠던 일은 학생들에게서 인사를 받는 것이었다. 내가 근무했던 대학교에는 두 부류의 학생이 있었다.

한 부류의 학생들은 주머니에 손을 넣고 인사를 하였고 다른 부류는 민망할 정도까지 90도 각도로 고개를 숙여 인사하였다. 어느 쪽이거나 당혹스럽기는 마찬가지였다.

처음에는 학생들이 주머니 손을 넣고 인사를 하는 모습을 보고 황당하기도 하고 약간 화가 나기도 했다. 하지만 중국 선생들을 만나서도 고개를 숙이지 않고 '니하오(你好)'라고 당당하게 인사하는 모습을 보고 내 생각이 잘못 되었음을 곧 깨달을 수 있었다.

요즘 한국에 유학 온 중국학생만 해도 4만 명 가깝다고 하니 아마도 그들을 이해하기 전에는 나처럼 생각하는 이들도 제법 있을 것이다. 이래서 그 나라의 문화를 이해하지 못한다면 다른 나라 사람들을 이해한다는 것은 수박 겉핥기에 불과하다는 말이 생겼나 보다.

수업시간에 중국 학생들이 한국어를 배우면서 가장 힘들어했던 부분은 경어법이었다. 처음 한국어를 배우는 학생들은 대체 어느 상황에서 말을 높이는 것이 적절한지에 대해 몹시 혼란스러워했다. 조금만 상황을 상상해 보면 이해가 될 것이다.

▸ 함박눈이 오던 날 학생들과 함께

한국에서도 아이들이 처음 말을 배울 때, 아이가 어른에게 반말을 하게 되면 혼이 나면서 한국어를 배우지 않던가! 경어법이 없는 중국에서 살다 보니 중국학생들이 한국어를 배울 때 경어법에 어려움을 겪는 것이 어쩌면 당연하리라. 하지만 돌이켜 생각해 보면 눈높이를 낮추는 일은 그들이 아닌 나부터 시작해야 옳았다.

다음으로 중국학생들이 한국어를 배우면서 힘들게 생각하는 부분은 '조사'였다. 지금도 한국에 온 유학생들에게서 느끼는 것이지만 '조사'가 어렵긴 어렵나 보다. 어떤 학생들은 조사를 빼고 단어만을 나열하기도 하는 걸 보면, 조사가 빠진 문장이다 보니 내가 보이기에는 종종 '나 학교 가다'와 같이 소금을 넣지 않은 콩나물국과 같이 맹숭맹숭

한 느낌의 문장이 되기도 한다. 몇 번 지적을 해주기는 하였지만 다른 부분은 잘 하는 학생도 조사만큼은 쉽게 고치지 못하는 경우가 허다했다. 어쩌면 외국인들에게는 조사는 한국어를 공부하면서 넘어야 할 높디 높은 장벽같이 느껴지겠다는 생각이 든다.

얼마 전 한국에 와서 한국어를 배우고 있는 유학생들에게 한국어의 어느 부분이 가장 어렵느냐고 물어보았다. '말하기', '읽기', '쓰기', '듣기'라고 각각의 대답이 나오다가 한 학생이 다 어렵다고 하자 나머지 학생들도 덩달아 다 어렵다는 대답을 연신 해댄다. 사실 외국어를 배운다는 일이 생각처럼 쉽지만은 않은 일이 아니던가! 아무리 노력해도 원어민처럼 그 나라 말을 구사하기란 거의 불가능에 가까운 것이 외국어이다. 그런데도 몇몇 학생들은 얼마 되지 않았는 데도 한국인과 거의 동일한 수준으로 발음을 해서 나를 깜짝 놀라게 만들기도 했다.

외국 학생들을 가르치다 보면 말을 잘하는 학생이 쓰기는 엉망이거나 어휘 문법 실력은 뛰어나지만 발음이 부정확한 경우를 종종 보게 된다. 내가 수업했던 유학생 중에 남자친구가 한국인인 유학생이 있었다. 남자친구가 중국에 유학을 왔을 때 만나서 그 인연으로 한국까지 온 것이었다. 그런데 그 유학생은 다른 부분의 실력을 뛰어난 데 유독 말하기 부분이 약했다. 나중에 자세히 물어 보니, 남자친구는 이 학생이 외국인이라는 감안해서 여자친구가 부분적으로 틀린 한국어를 써도 그냥 이해하고 생활했던 것이었다. 이 유학생은 한국어를 사용하면서도 자신이 한국어를 잘한다고 생각해 왔을 텐데 이 부분을 내가 지적했으니 몹시 서운했을 것이다.

실제로 외국어를 배우면서 말을 하는 것과 글로 쓰는 것은 상당히 다르다. 예전에 어학원에서 수업을 받는 유학생들을 대상으로 시험을 보았을 때 학생 한 명이 '몰아요'라고 쓴 일이 있었다. 수업시간에 말을 할 때는 다들 정확하게 사용해서 걱정하지 않았는데 막상 시험을 보니 두 명이 틀렸다. 평소 학생들이 대답 할 때는 전혀 눈치 채지 못했는데 시험을 보니 엉터리 한국어를 써 놓았다. 자세히 살펴보니 그 학생만 그런 줄 알았더니 다른 학생들도 같은 실수를 보이는 것이 아닌가!

이 글을 읽는 이라면 혹시라도 주변에 한국어를 배우는 유학생이나 결혼이주여성이 있다면 심하게 구박만 하지는 마시라. 그들도 시간이 지나면 언제 그랬냐는 듯 걸쭉한 농담이나 사투리를 섞어가면서 한국어를 능수능란하게 하고 있을테니 말이다. 드라마에서 보았듯이 옆자리의 외국인이 유창한 한국어로 당신을 깜짝 놀라게 할 수도 있지 않은가!

중국에서 학생들을 가르칠 때의 일이다. 수업시간에 학생들과 한국영화를 보면서 낯이 뜨거울 때가 많았다. 드라마는 좀 나은 편이었지만 마음먹고 고른 영화를 보고 있노라면 어찌 그리도 욕이 많이 나오는지 참 알다가도 모를 일이었다. 마침 그 무렵은 조폭영화가 한창 뜨고 있던 때라 보는 영화마다 입에 차마 담기 힘든 욕이 배경음악처럼 영화에 깔리곤 하던 시절이었다.

한국에서는 아무렇지도 않게 보았던 영화 속 대사들이 한국어를 배우는 학생들과 보다 보니 가시가 되어 박혔다. 더 큰 문제는 욕을 수업시간에 재미삼아 연습하는 학생까지 있었다는 사실이다.

당장 그 자리에서 지적을 하고 주의를 주기는 했지만 나로서는 놀란 가슴을 쓸어내릴 수밖에 없었다. 면목이 없어진 나는 중국에도 욕이 있는가에 대해 학생들에게 물어 보았다. 어느 사회나 욕이 없는 동네는 없는 법이니까.

하지만 생각해 보면 한국인들만큼은 아니었던 게 아닐까 싶다. 색을 지칭하는 표현이 엄청나게 분화한 것처럼 한국인들은 욕도 항목으로 세분화시킬 만큼 다양하게 구사한다는 사실을 그때 확실히 느낄 수 있었다. 그날 이후로 나는 자연스럽게 중국어의 표현에 눈을 돌리게 되었다. 그 중에 우연히 발견한 보석 같은 말이 '부커치'이다.

▸ 처음 떠났던 여행길에서 만난 중국인 학생이자 친구인 素素 모녀, 부커치를 매력 있는 말로 만들어주었다.

부커치(不客氣)!

이 말은 내가 가장 아끼고 좋아하는 중국말이다. 나는 이 말을 혼자서 읊조릴 때마다 그때 내가 겪었던 상황들이 떠오르고 혼자 빙그레 웃음이 나온다.

처음 중국에서 내가 '씨에 씨에(谢谢)'라고 말하면 식당 종업원이건 시장 사람들이건 연신 '부커치'를 말하는걸 보고 그 말뜻이 궁금했다.

아마 우리 말로 바꾸면 '별말씀을요.' 정도 될 것이다. 중국어라면 '씨에 씨에'나 '뚜이 부치(对不起)' 정도만 중국 영화에서 질리게 보았던 나로서는 '부커치'라는 말이 다소 생소하기만 했다.

► 2년 동안 머물던 중국 산동성 위해시 시내 풍경

하긴 중국인들은 우리가 하는 '씨에 씨에'만 듣고도 외국인이라는 사실을 바로 눈치챈다니 우리가 외국인들의 어설픈 한국어를 듣고 판단하는 것과 크게 다르지 않을 것이다. 더군다나 중국은 한국과 달리 발음에서 4성 체제가 유지되는 나라이기 때문에 이 간단하게 보이는 단어가 막상 실전에 들어가면 제대로 발음하기가 결코 만만한 일이 아니라는 사실을 쉽게 깨닫게 된다. 그에 비하면 '부커치'는 하는 이도 듣는 이도 별로 부담이 없는 말이다.

한국에서라면 상황은 조금 다르다. 식당에 갔을 때 종업원에게 고맙다는 인사를 하면 대개의 경우는 대답을 하지 않거나 그냥 웃고 가는 경우가 종종 있다. 만약 '네'라는 말이라도 들으면 그날은 귀가 호사한 날일 것이다. 한국과 비교되어서일까 중국에 사는 내내 나는 '부커치'를 평생 들어도 될 만큼 접하면서 많이 행복했다.

처음 들었을 때는 신기해서 시험 삼아 몇 번을 '씨에 씨에'라고 해도 되돌아오는 것은 '부커치'였다. 음식을 먹기 전에 나오는 차를 따르건 음식을 가져오면서도 '부커치'는 연신 따라다녔다. 학교에서건 시장에서건 다른 어디에서도, 내가 중국에서 2년을 살았던 학교 사택의 1층에는 푸우위엔服务员들이 있었다.

그 중 한 친구는 아직도 기억에 남는다. 아마 2교대였던듯 싶은데, 일이 힘들어서였는지 수시로 사람이 바뀌곤 하였다. 내가 처음 갔을 때부터 있었으니 그들 가운데 제일 고참이었다. 그 친구가 출퇴근 때마다 따뜻한 표정으로 건네던 인사가 지금도 귓가에 생생하다. 피곤할 텐데도 바쁜 틈을 내어 한국어를 공부하기도 했던 친구였다. 우연히 이야기 끝에 같이 근무하던 선생들 몇이 상의해서 아침이나 저녁무렵 한국어를 한 두 문장씩 가르쳐준 적이 있었다. 그래서인지 더 빨리 친해질 수 있었다. 그 친구에게 간단한 음식이나 선물을 건넬 때도 '부커치'는 종종 끼어들었다. 수줍은 미소와 함께.

사실 한국 사람들은 자신이 아는 사람을 제외하고는 낯선 사람을 만났을 때 거의 인사를 하지 않는다. 여러분이라면 길거리에서 처음 보는 사람에게 인사를 건네면 오히려 이상하게 쳐다보지 않을까! 그래서 외국에서 동양 사람을 만났을 때, 어느 나라 사람인지 잘 구분할 수 없을 때 무뚝뚝하거나 화난 표정 같은 사람을 찾으면 바로 한국 사람이라는 농담이 있는지도 모르겠다.

아마도 이 글을 읽는 이라면 엘리베이터에서 낯선 사람과 단 둘이 있으면 마음 한구석에서 슬며시 불안감이 밀려드는 걸 한번씩은 경험해 보았을 것이다. 옆집에 사는 이웃이라도 눈인사나 목례를 나눈 후에는 시선을 어디에 두어야할지 모르겠고, 그런 날이면 엘리베이터는 더 늦게 올라가는 것 같은 그런 어색한 느낌 말이다.

가끔 유학생들이나 결혼이주 여성들을 가르칠 때면 과연 그들은 한국생활에 대해 어떤 느낌이 들까 궁금해진다. 한국이나 한국인에 대해, 그들은 한국인들을 친절한 한국인으로 기억할까, 아니면 화난 표정의 사람들로 기억할까? 혹시 무뚝뚝한 표정의 내 모습이 그들에게 한국을 대표하는 얼굴로 기억되지 않을까 가끔 걱정이 된다.

대학생 때 유럽으로 배낭여행을 갔던 적이 있었다. 그때만 하더라도 배낭여행이라는 말이 없을 때였으니 참 까마득한 먼 일이다. 그런데 여행에서 만난 친구들이 연신 'Hi, hello'를 연발하는게 아닌가! 뭐라 대꾸를 해야 할지 모르고 망설이다 보면 그들은 어느새 저만치 가 있곤 했다. 그렇게 일주일 정도가 지나자 나도 여행객을 만나면 자연스럽게 인사를 나누게 되었다. 한달 이상을 지나다 보니 인사를 건네지 않는 것이 오히려 어색하게 되었다. 그때 한국인들이 나누는 인사에 인색하다는 느낌을 많이 받았었다. 그리고 다시 십 몇 년을 한국에 살다 보니 다시 예전 생활에 익숙해지고 있던 터였다.

그런데 중국생활에서 만난 '부커치'라니, 다른 이가 건네는 인사를 받아주는 말로 이만큼 정겨운 말이 있을까? 유학생들에게 수업을 하다가 식당에서 종업원을 부를 때 '여기요!'나 '저기요'라고 외치면 된다고 설명을 하면 이해가 되지 않는다고 한다. 그러고 보니 내가 생각해도 어색하기 짝이 없다. 도대체 사람을 부르는 말로 '여기요', '저기요'가 뭔가.

그런데도 한국 사람들은 그 말뜻을 이해하고 당연하게 받아들이며 자연스럽게 넘어간다. 우리가 자주 하는 '다음에 식사 한 번 하자'는 말도 그렇다. 평소에 내가 즐겨 사용하는 말이기도 하다. 그런데 바쁜 한국 생활을 하다 보면 이 간단한 말을 지키기가 결코 쉽지 않다는 생각이 들곤 한다.

▶ 태산에서 만난 조선족 학생들에게도 건넸던 밥 한 번 먹자는 말 빚을 아직 갚지 못했다

이처럼 인사로 하는 말이건 진심을 담은 말이건 간에 한국인들은 그다지 대수롭지 않게 여긴다. 이미 그 말이 지닌 의미를 먼저 마음으로 받아들이기 때문이다. 하지만 외국인이라면 상황이 달라진다. 그래서 외국인들은 인사로 건네는 말인데도 이를 그대로 받아들여 초대할 날만을 학수고대하고 기다린다거나 한국인은 거짓말을 자주 한다고 오해를 하기도 한다. 행간에 숨겨진 문화의 차이를 읽어내지 못한 결과이다. 한국인이라면 당연하게 받아들이는 상황에 대해 궁금하거나 그 차이를 묻는 유학생들이나 결혼이주여성들을 보고 있노라면 다른 나라의 문화 차이를 이해한다는 게 어떤 의미일까 가끔씩 생각해 본다.

돌이켜 생각해 보면 나도 다른 이들에게 말로 인심을 베푸는 일에 인색했던 것 같다. 이제 또 신학기가 다가온다. 새로 만날 외국학생들에게 좀더 말 인심을 넉넉히 써야겠다. 말은 그 나라의 문화를 반영하고, 그 나라 사람들의 정신세계를 드러낸다고 한다. 나는 우리가 앞으로 만날 또 다른 외국 친구들에게 좀더 한국인의 푸근한 정과 풍부한 정신세계를 제대로 표현하는 법을 익혔으면 한다.

우리는 이미 체류 외국인이 100만 명을 넘어 가는 시대에 살고 있다. 그들 중에는 한국어를 배우러 온 이들도 있을 테고, 조만간에 고국으로 돌아갈 이들도 있을 것이며 죽는 날까지 한국에서 살 이들도 있을 것이다. 낯선 땅에서 새로운 인생을 시작하는 이들에게 반갑게 인사를 건네는 일, 그들이 내미는 손을 잡아주고 그들의 지친 마음을 위로해주는 일이야말로 우리가 해야 할 과제이자 우리 문화를 세계에 알리는 첫걸음이다. 지금 당신과 나, 우리들은 새로운 역사를 여는 문턱에 서 있다. 이제부터라도 편견과 선입관의 두터운 겨울옷을 벗어던져라. 봄이 멀지 않았다. 건투를 빈다!

소학교가 있는 중국 풍경

입학, 그 멀고 먼 여정

중국학교에 큰아이를 입학하던 과정은 우여곡절이 많았다. 한국에서도 전학이 흔한 일은 아니지만 당장 중국에 온 큰아이의 학교문제가 우리 가족에게는 가장 시급한 문제였기 때문이었다. 국제학교나 한국정부에서 운영하는 학교로 보내기에는 우리가 살던 곳과의 거리상 여건이 쉽지 않았다.

결국 내가 근무하던 학교 근처에 있는 샤오쉐시아오(小學校, 중국에서의 초등학교 명칭은 소학교이다)로 아이를 보내기로 결정을 하고 본격적으로 알아보기 시작했다. 이 무렵 큰아이의 학교 입학에는 여러 가지 애로사항이 있었다.

학교 규정이 갑자기 바뀌어서 외국학생들의 입학이 더 까다로워졌다는 소문까지 들리고 있었기 때문이다. 예전과 달리 입학을 위해서는 최소 3개월 이전에 입국을 해서 중국어 학원을 다니거나 학교수업을 들을 만큼의 수학능력이 있는가를 평가받아야 한다는 내용이었다. 아이의 입학을 위해서는 적지 않은 금액을 기부금으로 내야 한다는 또 다른 소문까지 있어서 아이가 입학하기 전까지 마음이 영 편치 않았다.

▸ 큰아이가 다녔던 까오취 高區 소학교 풍경

전액 무료인 중국학생들과 달리 한국 유학생들에게는 입학과 함께 일정 금액의 수입료가 부과된다. 그런데 문제는 그 액수가 중국 경제생활을 고려한다면 결코 적은 액수가 아니라는 점이다. 더군다나 점차 한국유학생들이 많아지다 보니 학교 측에서 원래 교육청에서 정한 금액보다 많은 액수를 요구한다는 말도 있었다.

그 과정에서 비공식적인 요구나 불미스러운 일이 발생한다는 소문도 돌았다. 주재원의 경우, 회사에서 학비를 지원하는 입장이기 때문에 크게 신경을 쓰지 않는다는 점과 아이들에게 불이익이 가해질지 모른다는 생각에 학부모들은 마지 못해 응할 수밖에 없는 상황을 악용하고 있다는 이야기도 풍문에 전해 들었으니 우리로서는 내심 불안감이 클 수밖에 없었다.

결국 내내 마음을 졸이다가 한국유학생들을 담당하는 조선족 선생님을 만나 입학에 관하여 전반적인 설명을 듣고서야 다소 마음이 놓일 수 있었다. 이후 수차례 방문 끝에 교장 선생님을 뵙고 간단한 면접을 거치고 나서야 아이의 학교 입학이 가능할 수 있었다. 물론 면접에 대비해 중국어 학원을 다니기도 했고 며칠 전부터 연습을 하기도 했지만 면담을 준비하는 내내 마음 졸였던 것은 사실이다. 더군다나 통역을 맡아 해주시기로 했던 선생님이 사정이 생겨 우리 가족만 방문해야 했기 때문에 더 긴장할 수밖에 없었다.

아이가 교장선생님과 면접하던 장소에서 우리 가족은 충격적인 사건을 경험하게 되었다. 마침 우리가 면담하는 도중에 타지에서 온 중국인 학부모가 아이의 입학을 위해서 교장선생님과의 면담을 요청했기 때문이었다. 그런데 교장 선생님은 우리가 있는 데도 불구하고 그 자리에서 단호하게 거절하는 것이었다.

재고의 가치도 없다는 듯한, 매몰찬 거절에 학부모는 사색이 되었다. 학부모는 곁에서 지켜보는 우리가 안쓰러울 정도로 간절하게 자신의 사정을 다시 이야기했지만 교장선생님은 요지부동이었다. 우리 역시 같은 그들과 같은 학부모처지인터라 그 상황을 지켜보면서 좌불안석이 될 수밖에 없었다. 길게만 느껴졌던 면담이 끝나고 마침내 아이의 입학허가를 받아 교정을 나오면서 그제서야 우리는 가슴을 쓸어내릴 수 있었다.

우리 나라도 최근 들어 노동자와 다문화가정 자녀들의 초등학교 진학 비율이 점차 높아지는 추세라고 한다. 전체적인 숫자로 본다면 아직은 미미하지만 그래도 점차 그 비율이 높아지고 있다 하니 조만간에 우리 주변에서 흔한 풍경이 되지 않을까 싶다. 아마 그네들이 자녀들을 한국 학교에 입학시키면서 느끼는 심정 또한 아이를 다른 나라 학교에 진학시키면서 적지 않게 마음고생했던 내 경우와 크게 다르지 않을 것이라는 생각이 든다.

불안 끝, 행복 시작. 아이의 학교생활

한국에서 1학년 1학기를 마치고 온 큰아이는 다시 중국에서 1학년부터 시작하기로 했다. 2학년부터 시작할 수도 있었지만 언어의 장벽을 고려하지 않을 수 없었기 아내와 심사숙고 끝에 1학년으로 결정을 한 것이었다.

적응력이 강한 큰아이는 우리의 우려와 달리 다행히 학교 생활에 빨리 적응을 해주었다. 아이가 학교에 입학한 이후에 우리 가족이 직면한 또 다른 문제는 학교 준비물이나 전달사항이었다. 비록 중국어 학원을 다녔다고는 하지만 아직 아이가 완전히 언어를 이해하지 못한 상태였기 때문에 학교에 가게 되면서부터 준비물이나 숙제 등에서 문제가 생기기 시작했다.

하루 종일 제대로 알아듣지도 못하는 수업 따라가랴 숙제 하랴 힘들어하는 아이도 아이였지만 우리 부부 역시 아이 입학 초기에는 온통 신경이 쏠려 있었다.

하지만 큰 아이가 중국에 온 후 선생님의 수업내용을 따라가지 못하는 상태였기 때문에 선생님의 특별한 배려가 있지 않는 한 근본적인 문제는 해결되기 어려웠다. 다행히 같은 반에 한국인 친구가 있어서 아이가 잘 모를 때는 연락을 해서 확인을 하는 방법밖에 없었다. 만약 그 학생도 모를 때에는 결국 담임선생님께 전화를 해서 물어봐야만 했다. 아이의 담임선생님도 또래 아이를 둔 학부모여서 친절하게 상담을 해주셔서 우리는 다소나마 안심할 수 있었다.

"아직 우리글이 서툰 다문화 가정 준호엄마를 위해 날마다 알림장을 읽어주신다는 민지 어머니, 당신의 사랑이 있어 준호도 대한민국의 꿈나무로 자랍니다."

"다문화 사회는 사랑하는 마음도 더 많아지는 사회입니다."

요즘 자주 등장하는 한 편의 광고에는 결혼이주 여성에게 학교 알림장에 대해 설명하며 도움을 주는 한국인 엄마 이야기가 나온다. 비록 광고이기는 하지만 그만큼 우리 사회에는 결혼이주여성을 비롯한 외국출신들에 대해 사회적인 편견과 아집이 존재하고 있다는 사실을 강하게 반증하는 사례이기도 하다.

우리 사회에도 조만간 준호 엄마를 도와주는 민지 엄마와 같은 사람들이 많아지겠지만 그게 생각처럼 쉽지만은 않다는 사실을 알기 때문에 마음 한 구석이 더 답답해진다. 그래서인지 준호 엄마를 다루는 광고를 볼 때마다 이리저리 연락하며 발을 동동거려야 했던 그 시절이 종종 생각나곤 한다.

▸ 까오취(고기술 개발구) 소학교 학부모 간담회

아이가 학교생활을 어느 정도 적응을 하던 무렵 학교에서 연락이 왔다. 찌아장 (家長, 한국의 학부모회의) 회의에 참석하라는 것이었다. 우리는 학교에서 있었던 찌아장家長 회의 때 아이의 교실에 처음 가보고 깜짝 놀랐다. 바로 아이가 하루 종일 앉아 있어야 하는 의자 때문이었다.

예전에는 복도에서 무심히 보았기 때문에 제대로 볼 기회가 없었지만 막상 교실에서 아이와 함께 앉다 보니 의자는 불편하기 짝이 없었다. 처음 보기에도 상당히 심난했던 의자는 앉고 보니 의자 등받이가 없어서 1시간 가량 있었던 담임선생님의 설명이 길게 느껴지는데 일조했다.

아이의 엉덩이 하나 걸치고 나면 꽉 찰 정도의 크기이니 한국에서라면 학부모들이 그런 열악한 환경을 보고 가만 두지는 않았으리라. 그런 의자에 앉아서 아침 8시경부터 오후 4시까지 수업을 들었을테니 모르긴 몰라도 아이는 엄청 힘이 들었을 것이다.

▶ 교장 선생님과 함께 한 학부모 간담회

중국은 초등학교 1학년도 한국에서와 같이 오전 수업이 아니라 점심을 먹고 오후 4시까지 수업을 받는다. 더군다나 쉬는 시간에 옆 반으로 놀러 가면 벌점을 받기도 한다는 이야기를 아이편에 들었을 때는 아차, 하는 생각이 들기도 했다.

그러나 시간이 가고 학교에서 몇 차례 소집한 찌아장 회의에 참석하면서 그와 같은 편견은 점차 사라졌다. 보통 학교에서 시험이 끝난 직후 소집되는 찌아장 회의는 소강당에서 학년별 모임을 갖고 다시 반으로 이동하여 학급 담임선생님의 학교생활에 대한 소개가 이어진다.

이 찌아장 회의를 통해 학부모들은 자신의 자녀들에 대해 좀더 알게 되고 학교생활에 대해서도 이해의 폭이 넓어진다. 1학년 때는 미처 실감하지 못했는데, 나중에 들어보니 아이가 학교에 입학하게 되면 학교 측에서 일주일 동안 퇴근시간에 맞추어 3시간 정도 학교생활 전반에 걸쳐 학부모 교육을 한다고 한다.

하루도 아니고 일주일씩이나 학부모 교육을 실시하다니, 학부모를 대상으로 그런 계획을 시행하는 학교 측도 대단하지만 참석하는 학부모들도 대단하다는 생각이 들었다. 초등학교에 근무하는 아내도 오히려 그런 점에서는 중국학교가 더 체계적이라고 감탄할 정도였다.

이런 찌아장 회의를 하게 되면 공통적으로 나타나는 현상이 있다. 교실의 빈자리가 하나도 없을 정도로 학부모들의 참석률이 높다는 사실이다. 아버지나 어머니, 그것도 여의치 않을 때는 할아버지나 할머니라도 누군가가 꼭 참석하는 것이다.

찌아장 회의와 함께 내게 가장 인상 깊게 다가온 것은 하교가 시작될 무렵 정문 앞에서 줄지어 기다리던 사람들의 행렬이다. 이는 큰아이가 다녔던 소학교도 그렇지만 유치원도 사정은 마찬가지였다. 특히 한국과 달리 중국의 요얼위엔(幼兒園 : 한국의 유치원)에서는 차량을 운행하지 않는 경우도 많다.

▸ 중국의 하교풍경을 담은 뉴스사진(뉴시스, 2007. 7. 10.)

따라서 부모들이 직접 학교나 요얼위엔을 방문하여 자녀를 데려와야 하는 경우가 발생한다. 아침 등교시간에는 선생님이 학생들의 통학지도를 담당하시고, 경찰들이 등하교 시간에 맞춰 교통통제를 하기도 했다.

아이들의 하교 시간에 맞추어 학교 주변에 길게 늘어선 행렬은 언뜻 보기에도 상당했다. 나는 처음 그 모습을 보았을 때는 한국에서와 달리 생소한 모습에 적잖이 당황했지만 이내 적응이 되었다. 상황이 이러다 보니 하교 무렵 학교 정문 앞은 언제나 복잡했다. 정문 앞에는 자녀들을 마중하기 위해 걷거나 자전거를 타고, 그리고 자가용을 타고 아이를 마중나온 사람들에다가 아이들의 간식거리를 파는 상인들로 늘 북적이기 마련이었다.

학교에서 거리가 제법 되는 곳은 학부모들이 통학버스를 계약하기도 한다. 특히 자주 마주치던 사람들 중에 인상에 남는 이는 할아버지 한 분이다. 그분은 평소 자전거를 타고 손녀를 마중나오셨는데 자주 만나다 보니 어쩌다 보지 못하면 서운할 정도였다. 이러한 현상은 이미 해외 언론에까지 보도될 정도이니 중국 전역에서 그런 일이 일어나고 있다고 해도 과언이 아닐 것이다.

소학교를 둘러보다 보니 한국이나 중국이나 자식을 둔 부모마음은 어쩌면 그렇게 다 같은지. 하기야 그들은 우리의 또 다음 세대를 책임질 이들이니 좀 극성맞아도 어쩌랴 싶으면서도 마음 한구석은 더 허해진다. 이제서야 나도 중국을 조금씩 알아가는 것인가? 아니면 아직도 더 알아야 할 부분이 너무 많이 남겨져 있는 것일까? 정말 그것이 알고 싶다.

한국과 한국인, 거부할 수 없는 매력

얼마 전 무심히 보았던 신문에 실렸던 사진 한 장이 아직도 잊혀지지 않는다. 한 사내가 잔디밭에서 편안한 차림으로 앉아 있는 모습이었는데 그 얼굴에는 환한 미소가 담겨져 있었다.

예전에도 보기는 보았을 텐데 처음에는 도무지 기억이 나지 않았다. 내 기억 한 켠에 자리 잡고 있었을 그 미소가 상당한 시간이 흐른 후에도 전혀 낯설지 않는다는 사실 자체가 이상하게 느껴질 정도였다. 이쯤 되면 글을 읽는 이들은 그 주인공이 누구인지 짐작하실 것이다. 바로 고故 노무현 대통령이다.

나는 내 기억 속에 남아 있는 역대 대통령들의 얼굴을 떠올려 보았다. 내 기억 속에 맨 처음 등장하는 이는 박정희 대통령이다. 이후 살아가면서 최규하, 전두환, 노태우, 김영삼, 김대중 대통령을 거쳐 노무현 대통령을 만날 수 있었다.

하지만 아무리 기억을 뒤져봐도 이전 대통령의 표정들은 대부분의 비슷비슷하다. 사진 속에 등장하는 대통령의 얼굴들은 쉽게 범접하기 힘든, 그래서 우리와 더 먼 곳에 남아 있어야 할 것만 같은 근엄한 표정으로 내게 남아 있다. 그렇기에 처음 접했던 노 대통령의 소탈하면서도 담백한 웃음은 친근하기보다는 오히려 생소하고 어색하게만 느껴졌다.

▸ 한국인들의 가슴 속에 남겨진 신화

처음부터 그 미소를 접했던 것은 아니었다. 오히려 사람들은 2002년 대통령 선거를 치르면서 광고에 나왔던 눈물을 더 오래도록 기억할 것이다. 사실 나도 노 대통령이 이렇게 많이 웃던 사람이었던가를 미처 깨닫지 못했다. 아니 한동안 잊고 있었다. 하지만 이번 일을 겪으면서 사진 속에 등장하는 미소가 주는 의미, 그 웃음이 주는 친근함의 미학에 대해 다시 생각해 볼 수 있었다.

이 모두가 그 웃음의 주인공이 만들고자 했던 세상에 대해 어렴풋하게나마 이해할 수 있게 된 결과인지도 모른다. 내 기억 저편에 가라앉아 있었던 그 웃음은 우리가 별로 웃을 일 없는 세상을 살고 있다는 사실을 더 극명하게 보여주는 것일 수도 있기에 내게는 더욱 충격적으로 다가왔다.

예전에 널리 알려진 농담에 이런 이야기가 있었다. 한국인, 일본인, 중국인이 함께 길을 지나갈 때 쉽게 한국인을 구별하는 방법 중 하나는 얼굴표정을 보라는 말이 있었다. 그들 중 화난 표정을 지어보이는 사람이 바로 한국인이라는 게 정답이었다. 이 말처럼 한국인들은 자신들의 감정을 외부로 표출하는 일에 서툴다. 오죽했으면 자신의 말투가 화난 것이 아니니 오해하지 말라는 이야기를 방송에서 언급하는 사람조차 있겠는가!

지난 주말 서울에 간 김에 나는 에스컬레이터를 오르내리면서, 지하철을 타면서 사람들의 얼굴표정을 유심히 보았다. 대부분 심각했다. 대다수는 무표정하기도 했지만 상당히 경직되어 있는 느낌이었다. 예전에는 그냥 그러려니 했는데, 이번 주 많은 일들을 겪어서 그랬는지 모르지만 내게는 그들의 표정이 그리 편하게 보이지만은 않았다. 아마 한국에서 사는 외국인이나 관광객들도 나와 비슷하게 느끼지 않을까 싶다.

사실 지난 주와 이번 주는 한국인들에게는 아주 특별한 시간이었다. 토요일 일행과 함께 운동을 마치고 오는 길에 뜻밖의 소식을 들었다. 같이 했던 일행 모두 돌아오는 차 안에서 누구 하나 말 한 마디 건네지 않았다.

숨쉬기조차 힘든 분위기였다. 나 역시 자꾸만 한숨이 터져 나왔다. 집에 돌아와서도 맥이 빠져 아무 일도 할 수 없었다. 노 대통령 소식을 듣고 난 이후 도무지 다른 일은 할 수 없었다. 아마 한국인이라면 대부분 나와 유사한 경험을 했을 것이다.

이번 주 내가 가장 많이 했던 일은 텔레비전 시청과 인터넷 검색이었다. 비록 봉하마을이나 서울광장에 가지는 못했지만 인터넷에 올라온 사진들을 보면서 일찍이 겪지 못했던 새로운 경험을 할 수 있었다.

누리꾼들이 남긴 글을 읽으면서 나도 모르게 눈물이 흘러나왔다. 아내가 집에 분향소를 차렸다는 글이며 봉화마을의 현장 소식을 전하는 이들, 그리고 서울 시내 분향소에서 벌어지는 일들을 읽으며 온통 내 마음은 봉화마을로 달려가고만 있었다. 각종 사이트를 검색하고 누리꾼들이 남긴 글들을 하나하나 읽으면서 한국사회의 빛과 그늘을 동시에 보는 느낌이었다.

나는 기자들이, 때로는 시민들이 인터넷에 올린 무수히 많은 사진들을 보면서 한국인들에게 이렇게 다양한 표정이 숨어 있었던가 하는 생각이 들었다. 거기에는 오열하는 이들, 그리고 눈을 질끈 감고 생각에 잠긴 이들, 눈물을 머금고 있는 이들, 그리고 순진무구한 어린아이에 이르기까지 다양한 표정들이 꿈틀대며 살아 숨쉬고 있었다. 나는 그들의 표정 속에서 한국인들의 욕망과 좌절, 그리고 현실과 미완의 꿈을 읽었다.

영결식과 노제가 있던 날, 나는 서울광장에서 서울역으로 끊임없이 이어지는 노란 물결을 보면서 우리의 언어에 대한 감각을 어설프게나마 떠올려 보았다.

사실 우리들은 노란색을 이야기하면서 노랗다, 샛노랗다, 누렇다, 누르스름하다, 누르뎅뎅하다 등으로 이어지는 다양한 표현들을 쏟아낸다. 가끔 내게 이와 같은 한국어의 다양한 표현은 시간이 쌓아 올린 장엄한 한편의 서사시처럼 느껴진다.

► 노랑, 무심한 색깔도 말을 한다(한국경제신문, 2009. 5. 29)

이 외에도 어설픈 번역으로는 그 느낌을 도무지 살릴 길이 없는 생동감 넘치는 표현들이 우리 주변에는 넘쳐난다. 적어도 한국인이라면 아무렇지도 않게 그 미묘한 차이들이 만들어내는 감각의 층위들을 살갑게 이해하고, 상황에 무리 없이 대입시키는 일이 익숙할 것이다. 나는 이처럼 다양한 표현들이야말로 외국인들이 한국과 한국인을 이해하는 또 다른 통로가 될 수 있을 것이라는 생각을 하곤 한다.

IMF때 한국에서 벌어진 '금 모으기 운동'은 외국인들에게 한국을 다시 보게 만드는 전기를 마련했다고 한다. 어느 나라 국민들이 아이 돌반지와 결혼 패물을 비롯해서 자신들의 소중한 재산을 아낌없이 내놓을 수 있겠는가! 어디 그뿐인가! 서해안 기름 유출사고나 국가적인 사건이 일어날 때마다 ARS를 통해 성금을 내는 국민들을 보면서 참 착한 국민이라는 생각을 많이 했었다. 정말 '바보 노무현'에 어울리는 바보 같은 대한민국 국민들이 아닐 수 없다. 그런 국민들이기에 학연, 지연, 혈연이 없고 재산조차 없는 노짱을 대통령으로 뽑는 기적을 낳지 않았던가!

나는 갑자기 한국에 살고 있는 외국인들이라면 이 상황에 대해 어떤 생각을 갖고 있을까가 궁금해졌다. 그래서 내가 수업을 하고 있는 외국 학생들에게 지금 한국에서 벌어지고 있는 상황을 이해할 수 있느냐고 물었다. 대부분의 학생들의 대답은 이해가 되지 않는다는 것이었다.

특히 한 중국은 한국의 경우, 정당이 너무 많기 때문에 각종 사건이 많이 터지는 것 같다는 말을 하기도 했다. 나는 우리가 체험하고 누리고 있는 민주주의가 그들의 삶과 어떤 차이가 있는가를 절실히 느낄 수 있었다. 하지만 한편으로는 서울광장을 둘러싸고 진행되는 일련의 사태에 대해 할 말이 없기도 했다.

▶ 소통의 극과 극을 보여주는 서울광장(연합뉴스, 2009. 5. 29~30)

가끔 한국에 사는 게 무서울 때가 있다. 예전에 이와 비슷한 경험을 한 적이 있기 때문이다. 대학 때 처음으로 겁도 없이 유럽을 40여 일 정도 여행하고 한국에 돌아오자마자 처음 접했던 것이 바로 김귀정 열사의 죽음이었다. 여행의 흥분이 가라앉기도 전에 접한 이 현실 앞에서 나는 한동안 망연자실했었다.

처음에는 시차 때문에, 그 이후에는 시시각각으로 유럽과 비교되는 한국문화 앞에서 쉽게 적응하지 못해 한 달 이상 힘들어했던 기억이 아직도 생생하다. 짧은 기간 동안의 유럽 체험은 이전에는 결코 경험해 보지 않았던 문화 충격으로 다가 왔고, 다시 냉혹한 현실 앞에서 나를 한동안 시험에 들게 했다.

시간이 흘러 중국에서의 2년 생활이 흐르고 다시 접한 한국생활은 대학무렵의 충격은 아니었지만 또 다른 스트레스를 가져다주었다. 이전의 경험이 여행에서 비롯된 것이었다면 이번은 실제 생활을 하면서 몸으로 익힌 것이었기 때문에 그 강도는 약했지만 기간은 더 오래갔다. 한국이라는 사회를 몰라서가 아니라 평생 동안 한국에서 살았기 때문에 한국의 실체가 더 많이 두드러지게 다가왔기 때문이었다.

▶ 서울 시민들의 발, 지하철. 공항을 벗어난 외국인들이 접하는 한국의 또 다른 얼굴이다.

고故 노무현 대통령 노제 다음 날, 마침 지하철역에서 한국을 관광

하러 온 상하이의 대학생 무리를 만나게 되었다. 새로 시행된 지하철 1회용 차표 때문에 그들은 지하철 입구에서 움직이지 못하고 있었다. 그 옆에서 공익요원과 아주머니 한 분이 열심히 설명을 해주시기는 하였지만 소용이 없는 듯 보였다. 결국 내가 나서서 그들의 행선지를 묻고, 보증금 문제에 대해 설명해주면서 사건은 마무리가 되었다. 그들은 명동을 최종 목적지로 삼고 있었다. 고마워 하는 그들과 헤어지면서 외국인들에게 한국인은 어떤 인상으로 다가설까 하는 생각이 들었다.

▸ 한국의 첫인상, 출입국심사대. 그 앞에선 외국인들에게 한국인들은 어떻게 다가올까?

어느 나라나 그 나라를 방문하는 이들이 처음 접하는 관문은 출입국심사대이다. 어떤 이들은 택시기사를 손꼽기도 하지만 내 입장에서는 출입국 도장을 찍어주는 이들이 그 선두에 선다. 나역시 가끔 그들 앞에 서면 주눅이 들곤 했던 적이 있었다. 심지어 우리나라라 할지라도 말이다. 나는 그동안 여권을 몇 번이나 바꾸면서도 불행하게도 출입국장에서 나에게 환한 미소를 보내주는 이를 만나지 못했다. 하기야 영국에서 여권 때문에 30분 이상 붙잡혀서 곤혹을 치루어야 했던 기억보다는 나았으나 출입국심사때 앞에서 외국인들은 어떤 느낌을 받을지 가끔 궁금해진다.

이 글을 쓰는 순간에도 나는 한국이라는 나라의 실체가 궁금해진다. 매번 느끼는 사실이지만 한국과 한국인들은 내게 독특하며 특별한 존재이다. 그들에게는 거부할 수 없는 묘한 매력이 느껴지기 때문이다. 외국에서 태어나서 지금 한국에 살고 있는 이들은 요즘 한국에서 벌어지고 있는 일련의 사태에 대해 매우 혼란스러울 것이다.

어쩌면 이해 자체가 불가능할지도 모르겠다. 부디 그들이 한국과 한국인이라는 화두 앞에서 한국에 대해 많은 것들을 체험하고 느끼고 받아들일 수 있기를 바란다. 그리하여 한국을 온 몸으로 이해하고 가슴으로 사랑할 수 있기를 기원한다. 진심으로,

한국어를 통해 하나 되는 세계 꿈꾼다

朋友一生一起走(펑유 이성 이치 조우)

7월, 뜨거운 여름 햇살이 내려 쪼이던 어느 날이었다. 강의실 옆에 위치한 소나무 숲에서 이 노래가 울려 퍼진 것은, 마지막 종강수업을 맞아 기념사진을 찍자는 제의 끝에 나선 길이었다. 한 학생의 선창에 의해 '朋友 펑유' 노래가 나지막하게 울려 퍼지고 있었다.

그중 몇몇은 눈시울을 붉히고 있었지만 그 순간 나는 직감할 수 있었다. 그들이 나를 단순한 '老師 라오스'가 아닌 자신들의 '朋友 펑유'로 받아들이고 있음을, 그리고 그것이 이제 곧 떠나야할 나에게 베푸는 최대의 예우라는 사실을.

눈을 감고 그 노래를 듣고 있노라니 지난 2년 동안 힘들게만 느껴졌던 중국에서의 생활이 아련하게 떠올랐다. 하긴 이별이야 만나는 순간부터 어느 정도 예견된 일이었다. 어느덧 처음 1년으로 예정했던 중국에서의 생활이 2년째로 접어들고 있었고, 나는 서서히 한국으로의 귀환을 생각하지 않을 수 없었다.

한국을 떠나 낯설고 말도 잘 통하지 않는 중국이라는 나라를 가게 되었을 때, 첫강의실에서 만난 학생들이 그 친구들이었다. 그때만 해도 그들은 대학에 입학해서 1학기가 막 지난 선한 눈빛을 지닌 학생들이었다. 중국 각지에서 모여든 그들은 다만 열정 하나만을 갖고 낯선 이방의 땅에 온 나에게 너무도 친절하게 맞아 주었다. 막막한 마음을 안고 강의실에 들어가 보면 그들은 반짝이는 눈빛으로 나를 맞아주었다. 어쩌면 그 눈빛이 있어 지난 2년을 버텼는지도 모른다.

► 산동대학 옛날 정문, 한때 보기만 해도 마음이 편안했던 시절이 있었다.

처음 중국 산동성에 위치한 산동대학에 초빙교수로 발을 들여 놓게 된 것은 2년전 여름이었다. 아는 이의 권유로 우연하게 들렀던 학교에서 나는 학교 한복판에 위치한 12층짜리 도서관을 보게 되었다. 말도 안 통하는 상태에서 나는 그 안에 들어가 보고 싶다는 욕망에 강하게 사로잡혔다.

수위에게 명함 하나를 무기 삼아 간신히 도서관 안에 들어갈 수 있었다. 학교 정문에서 가장 먼저 보이는 전체 12층짜리 도서관, 꼭대기층에서 1층까지 한층 한층 계단을 걸어 내려오면서 '이런 학교라면 한번 있고 싶다.'는 생각을 강렬하게 갖게 되었다. 다른 중국 도시와 달리 한결 여유로워 보이는 주위의 풍광도 이런 결심을 굳히는 데 적지 않은 도움을 주었다.

► 중국대학 학기 일정 때문에 일찍 돌잔치를 해야 했던 둘째 아이와 처제

하지만 내 발길을 붙잡은 것은 가족과의 이별이었다. 더군다나 둘째 아이는 돌을 넘기지도 않은 상태였다. 하지만 나중에는 그럴 기회조차 영영 갖지 못할 수도 있다는 조바심이 내 발길을 중국으로 돌려세웠다. 떠나올 때, 딸아이는 또 얼마나 울었던가! 울며 헤어진 아이들 때문이었는지 공항에서 물어물어 숙소를 찾아가던 날은 마음이 영 편치 않았다.

그날 저녁, 숙소를 배정받고 창밖으로 보이던 교정은 어쩌면 그렇게 크고 낯설게만 느껴졌던지. 도착했던 날 나는 짐을 풀고 난 이후에도 쉽사리 잠이 들지 못하고, 학교 안 숙소에서 넓은 학교교정을 몇 번이나 바라보면서 중국행에 대한 혼란스러운 생각을 다잡아야만 했다.

► 학생들 기숙사 풍경. 창밖에 걸린 빨래들이 학생들만큼이나 고단해 보인다.

내가 머물게 된 산동성山東省 웨이하이威海는 예전 여행길에서 보았던 길림성의 연변이나 서안, 북경과는 너무 달랐다. 날씨가 맑은 날이면 인천 앞바다의 섬이 보인다는 농담처럼 근처의 자연풍광이며 사람들의 인상이 한국과 크게 다르지 않았기 때문이다. 생소해하던 나에게 다른 사무실에 근무하던 한국분은 "여긴 정말 눈만 감으면 한국과 크게 다르지 않아요. 주변의 산도 그렇고 바다도 그렇고, 가끔 한국인 것처럼 착각에 빠진다니까요."라며 나를 위로했다.

정말 그랬다. 나는 가끔 학생들과의 수업 도중에 한국 이야기를 하곤 했는데, 그때마다 나는 한국에 있는 착각을 하곤 했다. 아침이면 수업을 받기 위해 몰려가는 학생들 틈에서 싸우는듯 들려오던 중국어, 간간이 접하는 생활이나 문화 차이만을 제외한다면 어떤 때는 정말 한국에 있는 것 같은 착각이 들기도 했으니 말이다.

처음 맡은 강의에서는 시청각수업과 한국어 회화 수업을 담당하게 되었다. 한국어 회화 수업에서 하필 처음 맡은 학생들이 한국어를 부전공으로 하는 법과대학 학생들이었다. 한국어과 학생들은 그나마 의사소통에 큰 무리가 없었지만, 법을 전공하는 학생들은 1주일에 두 번씩 부전공으로 조금씩 한국어 수업을 받다 보니 의사소통에 한계가 있었다.

처음 한 달간은 영어, 중국어, 한국어를 섞어 쓰며 수업을 진행할 수밖에 없었다. 아마 지난 학기에는 한족이나 조선족 선생님에게 수업을 받았던 모양인데 내가 하는 말을 알아듣지 못하는 눈치였다. 특히 성조가 있는 중국발음의 특성상, 학생들이 한국어의 발음을 제대로 구사하는 일이 너무도 힘들어보였다. 그래도 대부분의 학생들은 순박한 웃음을 짓곤 했는데, 그게 두고 두고 나를 더욱 괴롭혔다. 그때 생각해낸 것이 장풍이었다.

중국의 쿵후처럼 손 전체를 권법처럼 사용하여 문장의 억양과 강세 부분을 강조하며 수업을 하노라면 학생들도 따라하면서 덩달아 신이 나는 모양이었다. 진도 나가기에도 빠듯한 수업을 벗어나기 위해 그 다음으로 생각해낸 것이 수업 없는 토요일 오후 학생들과의 만남이었다.

약속했던 토요일, 도서관 앞에서 만나기로 한 후 과연 몇 명이나 나올까 하는 의구심을 가지면서 자전거를 타고 도착해 보니 맙소사, 대부분의 학생들이 나와 있었다. 저절로 한숨이 나왔다. '이럴 때는 적당히 약속이 있다고 빠지기도 하고 데이트도 하느라 빠져주는 게 예의인데 아직 이네들은 뭘 모르는군.' 하는 생각을 하며 그들과 한국에 관하여 이야기를 나누다 보니 2시간이 훌쩍 지나갔다. 수업과 달리 10명이 넘는 학생들과 무슨 이야기를 한다는 자체가 쉬운 일이 아니다.

더군다나 한국어가 익숙하지 않은 학생들과 말이다. 문득 우리가 외국인들을 만났을 때, 어떻게든 그네들의 시선을 끌어보기 위해 시도를 하다가도 말이 막히면 그냥 쑥스럽게 웃던 기억이 떠올랐다. 자세히 보니 그네들도 그렇다.

그 다음 주의 모임도 비슷했다. 차이가 있다면 사람수가 줄어들었다는 것과 약간의 열의가 탈색되었다는 것. 하지만 이런 몇 차례의 만남이 있은 후 수업 시간에 만난 학생들의 태도에는 조금씩 변화가 생기기 시작했다. 이런 만남의 힘이었을까. 시간이 흐르면서 나 스스로 그들과의 소통 과정이 좀더 자연스러워지고 주고 받는 눈길 또한 따뜻해졌음을 느낄 수 있었다.

▸ 추석 무렵, 붉은색 포장지에 담긴 위에빙 月餠 때문에 송편 생각이 간절했다.

내가 중국에 가던 해, 그해 산동성에는 50년 이래 가장 큰 눈이 왔다. 하루 종일 끊임없이 쏟아지는 눈발 속에서 집밖으로 길을 나서는 것이 두려울 정도였다. 그래도 우리는 꿋꿋하게 12월말까지 수업을 했다. 가끔 한국에 전화를 하면 벌써 기말시험을 치르고 방학을 보내는 중이라는 너스레가 전화기 너머에서 들려왔다. 낯선 곳에서의 한 학기, 더군다나 한국과 달리 18주 수업에, 다시 2주 시험, 거기다 성적 처리까지. 아직도 가야할 길은 한참 남아 있었고 나는 점점 지쳐가고 있었다.

그 겨울 아마 우리들을 버티게 해준 것이 학교 도서관 길목에서 팔던 군고구마가 아니었을까? 학생들과 수업을 마치고 길을 나서면 이미 날은 어둑어둑해져있었다. 한창 시장기가 돌 때 길에서 파는 화덕에서 갓 구운 큼지막한 고구마는 공부에 지친 우리에게 큰 힘이었다.

우리들은 전리품처럼 고구마를 하나씩 입에 물고 기숙사로, 숙소로 헤어졌다.

► 중국에서 학생들에게 처음 받은 선물. 이후 중국생활이 실감나게 다가왔다.

법대학생들과의 소통이 고난의 연속일 무렵, 그나마 나를 지탱해주었던 것은 한국어과 학생들이었다. 그들은 낯선 자신들의 울타리에 들어선 나를 위해 '스승의 날'에 작은 선물을 준비하여 감동시키더니, 압도적인 수업 참석률로 나를 깜짝 놀라게 만들었다. 불과 한 학기를 배운 실력으로 곧잘 받아쓰는 영화 속 대화내용이며 자신들의 생각을 어리숙하지만 나름대로 표현하는 모습을 보면서 한편으로는 경악스러웠다. 한국에서 우리가 배웠던 외국어 수업과 현저히 비교되었기 때문이었다.

막상 시청각 수업을 하다 보니 이전까지의 수업이란 게 특별한 교재가 없이 최근에 인기 있었던 영화나 드라마 보기로 진행되는 상태였다. 자연 학생들의 불만이 터져나올 수밖에 없었고, 수업을 하는 사람은 최신 영화를 구하느라 진땀을 빼야만 했다. 하지만 수업이 영화보기가 아닌 담에야, 이렇게 지속할 수는 없는 일. 일단 과거에 익숙해진 학생들의 습관을 바꾸는 일이 급선무였다.

그들에게 영화를 보려거든 PC방인 왕빠网吧로 가라는 말부터 한국어 능력을 키우기 위해서 필요한 마음자세에 이르기까지 시간이 날 때마다 세뇌에 가깝도록 설득을 해야 했다. 결국 여러 여건상 드라마와 영화를 보되, 그 내용을 시청각 수업에 맞게 편집하는 선에서 타협이 이루어졌다.

최신 영화에 길들여진 습관을 바꾸는 일이 그리 녹녹치 않은 일임을 깨닫게 된 것은 그리 오래지 않아서였다. 학기말 시험이 가까워지던 어느 날, 기말시험을 준비하기 위해 이미 보았던 영화를 다시 틀려하자 몇몇 학생들이 이미 본 영화라며 투덜거렸던 것이다. 나는 그 순간 분노에 가까운 감정이 생겼다. 간신히 감정을 추스르며 미리 준비했던 영화 한 편을 틀어주고 나서야 수업을 마무리할 수 있었다.

같이 수업을 시작한 다른 반은 이미 복습으로 넘어간 상태였지만 그 반만은 다음 시간에도, 그 다음 시간에도 새로운 영화를 틀어주었다. 공부와 재미, 쉽게 병행하기 힘들지만 평소 같이 갈 수 있는 길이라는 생각을 해온 터라 후유증은 상당히 오래갔다. 학생들과의 기 싸움은 결국 그들이 사과의 뜻을 표해오면서 끝이 났다.

사건은 그렇게 마무리 되었지만 이미 누군가에 의해 길들여진 습관을 바꾸는 일이 고통스럽다는 것을 그때 처음 느끼게 되었다. 이전에 수업을 맡았던 선생님들을 원망도 해보았지만 그보다는 학생들에 대한 배신감이 컸다.

► 외로웠던 중국생활을 푸근하게 만들어주었던 동료들과 함께한 아이 생일 잔치

그래도 그들을 위해 준비했는데 하는 아쉬움과 서운함이 수업을 마치고 돌아오는 내내 등줄기를 후려쳤다. 믿었던 학생들에 대한 배신감

은 순간적으로 중국생활 전체에 대한 회의를 느끼게 할 만큼 고통스러웠다.

하지만 수업을 하면서 정작 나를 경악하게 만들었던 것은 학생들이 아니었다. 그것은 한류라는 이름으로 화려하게 포장된 우리 문화의 실체를 직시하는 일이었다.

나는 그때마다 상당히 아팠다. 은근슬쩍 웃으며 넘겼지만 한국문화의 수준을 그네들이 어떻게 판단할까 하는 자괴감 때문이었다. 그 의구는 한 학기 수업시간 내내 나를 괴롭혔다. 그래도 다행인 것은 그들이 그렇게 부정적인 시각으로만 우리 문화를 보고 있지 않다는 사실이었다. 그래서인지 학생들도 속담과 한자성어를 사용하여 한국문화와 정서에 대해 이야기를 하면 공감하는 눈치였다.

그렇다면 아직은 희망의 불씨를 포기하지 않아도 되는 일 아닌가 하는 안도감이 들었다. 그 속내를 어디까지 믿어야 할 것인가 하는 의문이 들기는 하였지만 그나마 가능성의 실마리를 발견할 수 있었던 일은 큰 다행이었다.

다행히 인터넷이 가능한 강의실이었기 때문에 말로 설명이 힘든 단어의 설명과정에서 큰 도움을 받을 수 있었다. 만약 인터넷이라는 문명의 혜택이 없었더라면 '동치미'라는 단어에 대해서 설명을 한다는 것이 어떻게 가능할 수 있었을까?

막상 수업을 하다 보면, 한국문화에 대해 피상적으로 아는 것과 이를 구체적으로 설명하는 것은 다르다는 것을 절감할 수 있었다. 특히 그 대상이 외국인 학생일 경우, 우리들이 느끼는 것 이상으로 사회·문화상 느끼는 거리감이 단순한 수치로는 형언하기 어려웠다. 막연하고 추상적인 설명보다 사진 한 장이 더 큰 울림을 줄 수 있다는 것을 나는 중국학생들과 부대끼면서 깨달았다.

그런 점에서 우리의 한국어 교육에 필요한 보조 자료를 축적하고, 교사들이 현장에서 경험한 교수-학습방법 등을 데이터베이스화하고 체계화하는 작업이야말로 우리의 한국어 교육에서 지속적으로 추진해야할 과제이리라.

나는 요즘도 그 무덥던 여름날, 내게 노래를 불러주었던 몇몇과 메일을 주고받는다. 그중 일부는 지금 대학원 시험을 준비하고 있다. 나는 그들이 한국어를 공부하면서 다른 어느 누구보다 한국을 좀더 이해하게 되고, 한국을 사랑하는 마음을 갖게 될 것이라 확신한다. 그들이 한국어와의 만남을 통해 단순한 직업 이상의 의미를 갖는 새로운 가치를 발견했으리라고 믿기 때문이다. 나 역시 그들과의 만남을 통해 세상을 보는 눈을 조금이나마 깨우칠 수 있었으니 말이다.

선생님:

잘 계시지요?

오랫 동안 못 봐서 정말 그리워요. 선생님이랑 같이 있었던 시간에 정말 좋은 추억이 남았어요. 지금도 생각 나자 무지 기뻐요. 이제 제가 그 말을 알게 됐는데 이미 좀 늦은 것 같애요. 인간은 잃어버릴 때에 이르러서야 아끼는 것을 알게 된다는 말이에요. 안 그래요? 선생님? 그 동안 일이 많이 생겨 가지고 마음속에 좀 꿀꿀해요. 요즘 시험을 준비하느라고 아주 바쁘거든 정신이 하나도 없어요. 근데 언제 선생님을 만날 수 있나요? 언제 우리를 보러 돌아올 건가요? 정말 보고 싶단 말이에요.

► 한옥체험관에서 맛본 한국문화 시간, 전북대 언어교육원에서 한국어를 배우는 학생들과 함께

나는 잠시 꿈꾸어 본다. 지구촌 곳곳에서 뜨거운 가슴으로 한국어를 가르치고 있는 교사들의 열정이 풍성한 열매를 맺을 수 있기를, 그들의 애정이 온전히 옮겨져 한국문화와 한국에 대한 관심으로 다시금 뜨겁게 타오를 수 있기를, 그리하여 그 언젠가 우리 모두가 한국어를 통해 마음 열고 하나 되는 세계를.

농촌 여성결혼 이민자들의 삶과 꿈

농촌 여성결혼이민자의 친구, 방문교육도우미

한국생활에 성공적으로 적응한 그녀

사라져버린 그녀

그녀들의 철없는 한국살이

그녀의 환한 웃음

정착의 조건

중국 여자가 학부모회장이라고?

농촌 여성결혼이민자의 친구, 방문교육도우미

여성결혼이민자들의 이야기를 하려면 어디서부터 어떻게 시작해야 할지 막막해진다. 언론매체나 연구논문을 통해서 들을 때는 그녀들을 둘러싼 모든 문제가 선명했었다.

'현재 한국에서 급증하고 있는 이 이상한 형태의 국제결혼은 한국사회의 고집스러운 가족주의가 불러 온 결과이며, 빈곤의 여성화라는 국제적인 현상을 고스란히 보여주는 것이다. 또한 그녀들의 국제결혼은 인신매매에 가까운 것이기 때문에 그녀들의 인권은 무조건 보호되어야 한다.' 그녀들 가까이에서 그녀들의 삶을 들여다보기 이전에는 나 역시 그 정도에서 깔끔하게 생각을 정리할 수 있었다.

하지만 그녀들의 한국어 선생님에서 이웃 주민으로, 또한 같은 학교 학부형으로 2년 가까이 지내오면서 내 머릿속은 복잡하게 뒤엉키고 말았다. 어떤 사람이든지 그 사람의 삶을 이면까지 알게 되면 그 사람에 대해 쉽게 단정할 수 없게 된다. 그런데 그녀들의 삶은 보통의 한국 사람보다 훨씬 복잡한 양상을 보인다. 그녀들을 한 명씩 한 명씩 더 많이 알게 될수록, 그리고 옆에서 겪게 되는 시간이 길어질수록 나는 점점 더 그녀들에 대해 할 말을 잃게 되었다. 그녀들도 각자 다른 삶의 모습을 가지고 살아가는데, 그 많은 경우의 수를 어떻게 이론에 꿰어 맞출 수 있으랴. 그녀들에 대해 잘 모르던 때보다 조금은 알게 된 지금 오히려 그녀들의 삶을 이론화하기 더 어렵다.

내가 살고 있는 마을에는 베트남에서 온 젊은 엄마들이 여러 명 살고 있다. 하천을 건너면 중국에서 온 지 10년이 다 되어가거나 이미 10년을 넘긴 엄마들도 있다. 고개 하나를 넘어가면 그 마을에는 필리핀에서 온 앳된 여성들이 살고 있다. 이 지역 여성결혼이민자들은 나를 '선생님'이라고 부른다. 그녀들과 나의 아이들이 같은 반에서 공부하고 있어도 나에 대한 호칭은 누구 엄마가 아니라 '선생님'이다. 2007년에 내가 그녀들 집까지 찾아가 한국어를 가르치던 '방문교육도우미'였기 때문이다.

► 2007년 농림부에서 실시한 '방문교육 도우미 기본 교육'

내가 살고 있는 마을에 거주하는 2·30대 여성은 한 명을 제외하고는 모두 여성결혼이민자들이다. 그나마 한 명뿐인 30대 한국여성은 농사를 짓지 않는 중학교 교사의 부인이다. 초등학교에 가도, 어린이집에 가도, 젊은 엄마들은 모두 외국에서 온 여성결혼이민자들이다. 정부 부처들에서 내놓는 공식 통계자료들을 보지 않아도, 나는 우리 사회가 얼마나 빠르게 다문화사회로 진입해 가는지 온 몸으로 느낀다.

이 지역으로 이사 온 그 순간부터 나는 언론매체나 활자 속에서만 만나던 그녀들과 이웃이 되었다. 도시에서 살 때는 여성결혼이민자와 개인적인 관계를 맺을 일은 당연히 없었다. 워낙 도시라는 공간이 같은 아파트, 같은 동에 사는 사람도 누가 누군지 모르는 익명성의 공간인 때문이기도 하지만 그녀들과 내가 만나야 할 일도, 만날 만한 일도 도무지 없었던 때문이다. 방문교육도우미에 지원할 때만 해도 나는 그녀들에 대해 잘 알지 못했다. 그저 논문이나 활동가들의 말에서 얻어들은 정보가 전부였다.

나는 여성결혼이민자들에게 한국어를 어떻게 가르쳐야 하는지도 제대로 모르는 채로 방문교육도우미에 지원했었다. 무슨 대단한 사명감이 있어서 지원한 것은 아니었다. 물론 저속한 호기심 때문도 아니었다. 당시 농림부에서 내건 것처럼 농촌 여성결혼이민자들의 새 친구가 되려고 지원한 것은 더더욱 아니었다. 딱히 그녀들의 삶이나 인권에 관심이 많았던 것도 아니었다. 솔직히 말하자면 여성결혼이민자들에게 한국어를 어떻게 가르쳐야 하는지를 알기 위해 지원했었다.

외국인에게 한국어를 가르치는 일이 업이다 보니 당연히 여성결혼이민자에 대한 한국어 교육에도 관심이 많았다. 하지만 그때만 하여도 그녀들에게 한국어를 가르치는 기관이 많지 않은데다가 대부분 민간단체나 종교단체에서 소규모 자원봉사로 하다 보니 가까이 갈 기회가 거의 없었다. 여성결혼이민자를 지원하는 민간단체에서 일하는 활동가들의 이야기를 들어보면 뭔가 유학생 교육하고는 다르게 접근해야 할 것 같은데, 어떻게 해야 할지 도무지 알 수가 없었다.

농림부에서 방문교육도우미를 모집할 즈음에 때마침 나는 지금 살고 있는 마을로 이사를 하게 되었다. 농림부 사업은 애초에 일자리 창출 사업으로 분류된 것이어서 지역에 거주하고 있으며 자원봉사경력이 많은 사람들을 우선 선발하였다. 나는 이제 막 이사를 한 터라 지역 기반도 없었고 자원봉사경력이야말로 일천한데도 다행히 7:1의 경쟁률을 뚫고 선발이 되었다. 아마도 한국어교원양성과정 이수증이 큰 역할을 한 듯싶다.

'방문교육도우미'는 농림부에서 2007년에 〈농촌 여성결혼이민자가족 지원사업〉을 시행하면서 농촌에 거주하는 여성결혼이민자들의 집을 방문하여 한국어도 교육하고 생활상담도 해 줄 교육자들에게 붙인 명칭이다. 농림부는 농촌에 거주하는 여성결혼이민자들이 '여성 농업인'이라는 명분으로 이 사업을 시행하였으며, 전국 30개 시군에서 330명(예비자 30명 포함)을 선발하여 전국 각지에서 동시에 여성결혼이민자를 가가호호 방문하는 사업을 펼쳤다. 1차 서류심사와 2차 구술면접을 거쳐 선발이 되고 나니, 일주일 동안의 합숙교육이 실시되었다. 모든 교육과정을 마치고나자 드디어 그녀들을 만나야 하는 순간이 다가왔다.

그녀들을 만나는 일은 솔직히 말해 두려움부터 앞섰다. 어떻게 교육해야 할지 막막하기도 했지만 워낙 흉흉한 이야기를 많이 전해들은 탓이었다. 그 당시에는 별로 공개되지 않았지만, 여성결혼이민자들의 실상을 보고하는 글이나 현장 활동가들을 통해 별의별 이야기를 들을 수 있었다. 그 중에는 가슴 벅찰 만큼 감동적인 이야기도 있었지만, 그런 이야기는 그다지 많지 않았다.

▸ 완주군청에서 주최한 대아수목원 봄나들이

더군다나 그 때만 하더라도 아직은 국제결혼을 수치스럽게 여겨 며느리를 집안에 감금하다시피 하거나 아내가 도망갈까 봐 집밖에 나가는 것을 금하는 사람들도 있다던 시절이었다. 그런가 하면 방문해야 할 집이 산골 외딴 마을에 뚝 떨어져 있어서 밤길에 찾아가기에는 길도 사람도 무서운 경우도 있다고 했다.

어떤 활동가는 여성결혼이민자와 함께 한국어 공부를 하다 보면 그 남편이 어느새 술에 취해서 조용히 등 뒤에서 지켜보고 있는 것이 살 떨리게 무섭다고 했다. 험한 시골길을 가다보면 자동차 사고가 날까 걱정되기도 한다고 하였다. 그러니 두려움이 앞서는 것은 당연한 일이었다.

방문교육도우미에게 주어진 가장 큰 업무는 당연히 여성결혼이민자들에 대한 한국어교육이었다. 학습자 한 명의 집을 일주일에 세 번씩 방문하여 1시간씩 한국어를 가르치고, 간간이 한국 예절이나 한국요리 등도 전수해 주고, 가능하다면 한국 문화체험도 시켜주고, 혹시라도 가족들이나 남편과 갈등을 겪고 있지 않은지 보살펴주고, 여성결혼이민자들에게 도움이 될 만한 정책 관련 정보가 있으면 신속하게 전달해 주고, 군청에서 협조를 요청하는 업무에도 충실히 임해 주고, 혹시 새로 이주해 온 여성이 있거나 주거지에서 이탈하는 여성결혼이민자가 있으면 군청에 알려주고…….

이 모든 것이 '방문교육도우미'에게 주어진 업무였다. 3명의 학습자 집을 일주일에 세 번씩 방문하여 1시간 이상씩 교육하면 최대 60만원의 수당이 지급될 뿐 이 이외에는 아무런 지원도 이루어지지 않았다. 나중에야 교통상해보험도 들어주고 분기당 10만원씩 총 20만원의 재료비가 한국문화교육을 위해 지급되었지만, 방문교육도우미에게 주어진 일의 양이나 내용으로 본다면 턱없이 부족한 수준이었다.

함께 활동하는 방문교육도우미들과 모임을 가지면서 들어보면 모두들 군청에서 지급되는 재료비보다 훨씬 많은 돈을 교육에 쏟아 붓고 있었다. 그것뿐인가. 군청에서 주최하는 행사가 있으면 방문교육도우미들이 직접 여성결혼이민자의 집까지 가서 자기 차에 태워서 행사장에 갔다가, 행사가 끝나면 다시 집까지 데려다 주어야만 했다. 한 마디로 왕비님 같이 지극정성으로 모시고 다녔던 것이다. 그야말로 희생봉사정신이 아니라면 한 달 60만원의 수당을 받고서는 수행해내기 힘든 업무였다.

► 전주대 한국어문화원에서 주최한 2007년 〈다문화가족 겨울캠프〉

더군다나 여성결혼이민자들은 대부분 낮에는 일을 하니까 밤 시간에 방문해야 하는 경우가 많았다. 또는 어떤 여성결혼이민자는 연락도 없이 약속을 안 지키기 일쑤였다. 심지어는 집 앞에 갔는데 집안에 인기척이 없어 전화를 해보면 시댁 식구들이 모여서 저녁 먹으러 나가는 길이라고, 그 때에야 말하는 경우도 있었다.

그럴 때는 다른 날을 잡아서 가야 하는데 그러다 보면 일주일 내내 그녀들의 집을 방문하게 되는 때도 허다하였다. 허탕 치고 돌아온 것에 대한 보수는 물론 주어지지 않았다.

그런데도 방문교육도우미로 활동하는 선생님들은 그 모든 상황을 기꺼이 견디고 있었다. 심지어는 한밤중에 애기가 아파서 병원에 가야 한다는 말에 두 말 없이 달려가 주는가 하면, 입덧 때문에 아무 것도 먹을 수가 없다는 말에 이것저것 만들어서 싸들고 찾아가 주는 선생님도 있었다. 여성결혼이민자는 왕비처럼 모시는데 반해 정작 그녀들을 교육하는 방문교육도우미에 대한 처우는 형편없는 것이나, 기본적인 예절조차도 갖추지 못한 여성결혼이민자나 그녀의 가족들에게 화가 날 때가 있기도 했지만, 나 역시 그녀들을 대하는 데 정성을 다했음은 물론이다.

5개월에 3명씩 2회, 총 10개월 동안 6명의 여성결혼이민자들을 만났다. 그녀들과 함께 한 10개월은 유난히 긴 시간이었다. 지내놓고 나서도 길게 느껴지는 시간이었다. 농림부에서 직접 시행하고 군청직원들이 오가면서 사업을 챙겨서 그런지 다행히 별다른 사건 없이 10개월의 일정이 마무리되었다. 방문교육을 시작하기 전에 들려왔던 흉흉한 정보들도 다행히 대부분 우리를 비껴갔다.

한 명의 여성결혼이민자와 고작 5개월을 함께 보냈을 뿐이었지만 그 시간을 보내면서 그녀들은 나를 자신들의 친구이자 언니로 또는 엄마로 받아들였다. 남편 한 명만을 의지하고서 머나 먼 타국까지 와서 살고 있는 그녀들의 입장에서 생각해 보면 어쩌면 당연한 일이었다. 이유야 어찌 되었든 꼬박꼬박 자기를 찾아와서 서투른 한국말도 참을성 있게 들어주고 이런저런 하소연도 들어주고 하는 사람이 방문교육도우미를 제외하고는 또 누가 있겠는가.

정작 나는 그녀들의 새 친구가 되어 줄 마음이 없었는데도 그녀들은 나를 가까운 살붙이처럼 대했다. 때로는 친정 엄마처럼 의지하기도 하고, 때로는 또래 친구처럼 고민을 털어 놓기도 하고 때로는 동네 언니처럼 이런저런 문제를 상담해 오기도 했다. 그녀들과 함께 선생님이기도 하고 언니이기도 하고 친정 엄마이기도 한 시간을 보내면서 그녀들에게는 한국에서 살아가기 위해 한국어를 배우는 것도 중요하지만, 그에 못지않게 그녀들의 마음을 달래 줄 제도적인 장치 또한 필요하다는 생각이 참 많이 들었다.

한국 생활에 성공적으로 적응한 그녀

나는 그녀가 참 좋다. 그녀를 보면 기분이 좋아지고 힘이 막 솟아난다. 명색이 선생님인 사람이, 어떤 학생은 좋고 어떤 학생은 별로라는 식의 말을 하면 안 되겠지만, 내가 만났던 여성 결혼이민자 중에서 나는 그녀가 제일 좋다.

처음으로 그녀의 집에 전화를 했던 날, 그날은 그녀가 내 학습자라는 사실이 너무나 심란했었다. 그녀와 전화로 통화하는 내내 얼마나 힘들었는지 모른다. 전화 내용은 간단한 것이었다. '나는 농림부 방문교육도우미로 선발되었다, 내가 이제부터 당신에게 한국어를 가르쳐 줄 한국어 선생님이다, 당신 집에 가 보려고 하는데 언제 가면 좋겠느냐'가 통화 내용의 전부였다.

한국인에게는 쉽겠지만 외국인에게는 어려운 내용이라는 것을 모르지는 않았지만, 그녀는 '안녕하세요'를 제외하고는 거의 알아듣지 못했다. 나 역시도 그녀의 말을 거의 알아들을 수 없었다. 그녀의 발음은 엉망이어서 무슨 말인지 도무지 알 수가 없었고, 억양은 싸우자고 덤비는 듯했고……. 하다 하다 못해 거의 통보하는 식으로 그녀와 약속 시간을 정해 버렸다.

처음으로 찾아간 그녀의 집은 다행히 반듯한 도로에서 가까운 곳에 있는, 빨간 벽돌로 지은 정갈한 시골집이었다. 그녀와 그녀의 남편, 그녀의 시어머니가 나를 맞아주었다. 그녀의 시어머니는 허리가 90도로 굽은 전형적인 시골할머니였다. 나를 처음 보는데도 격을 두지 않고 집안으로 맞아들였다. 그녀의 남편은 미소를 머금은 듯한 작은 눈이 선량해 보이는 사람이었다. 가족들과는 달리 그녀는 많이 긴장한 것처럼 보였다.

▸ 다른 베트남 여성에게 김치전과 야채전을 가르쳐주는 중

그녀는 내가 하는 말을 들으면서 맑은 미소를 지었지만, 정작 내 말의 의미는 거의 알아듣지 못했다. 그녀의 시어머니가 그녀와 내 사이를 통역했다. 내가 한국말로 뭐라고 하면 그녀의 시어머니가 한국말

로 통역해서 그녀에게 들려주고, 그녀가 한국말로 뭐라고 하면 다시 그녀의 시어머니가 한국말로 통역해서 나에게 들려주고……. 10년 가까이 외국인에게 한국어를 교육해 온 터라 외국인이 하는 한국말은 거의 100%에 가깝게 알아들을 수 있다고 자부했는데, 그녀의 한국말은 80% 정도는 해독이 불가능했다.

그녀는 한국어 발음이 특이할 정도로 불분명했는데, 그녀의 시어머니와 남편을 보니 그 이유가 이해가 되었다. 그녀의 시어머니는 70세가 넘은 시골할머니로 전라도 사투리를 완벽하게 구사하는 분이셨다. 그녀의 남편은 사투리 구사자인데다가 약간 말을 더듬었다. 그녀의 한국어는 전라도 사투리 화자인 시어머니와 말더듬이 남편에게서 배운 것이 거의 전부였다. 그녀가 한국에 온 것은 2003년 봄이었고, 나를 만난 것은 2007년 봄이었으니 한국에 온 지 4년 만에야 한국어를 제대로 배우는 셈이었다.

베트남어 화자들은 대부분 'ㄹ' 발음을 잘 못하고, '야, 여, 요, 유' 소리와 '냐, 녀, 뇨, 뉴' 소리가 거의 구분되지 않게 발음을 한다. 거기다가 베트남어 식의 억양이 더해지면 아무리 귀 기울여 들어도 무슨 말인지 거의 알아들을 수 없게 된다. 그녀의 한국어를 100% 이해하는 사람은 그녀의 시어머니와 남편, 그리고 4살짜리 딸뿐이었다. 그러니까 그녀의 한국어는 일상을 함께 하는 가족들에게서 배운 것이고, 그 가족들에게서만 이해받을 수 있는 것이었다. 그녀는 내가 하는 한국말을 알아듣지 못하고, 나는 그녀가 하는 한국말을 알아듣지 못하는 그 기이한 상황에 헛헛한 웃음마저 나왔다.

지구상의 어떤 사람이든지 외국어를 배우는 과정에서는 여러 가지 원인으로 인해 이런저런 오류를 범하게 되고, 그 오류를 그냥 방치하면 화석화가 된다. 일단 오류가 화석화가 된 이후에는 교정하기가 매우 어려워진다. 단언하건대, 발화의 80% 이상이 오류투성이인 학생을 가르치는 것보다는 한국어를 전혀 모르는 초보자한테 한국어를 가르치는 게 더 쉽다.

게다가 그녀는 마늘 공장에 다니고 있었다. 마늘 공장은 오후 6시에야 끝이 나니까 집에 돌아와 씻고 밥을 먹으면 8시 정도에나 수업이 가능했다. 결국 일주일에 세 번 오후 8시에 만나기로 했다. 일주일에 세 번을 야간에 수업을 해야 한다는 상황도 결코 녹록치 않았다. 그녀를 만나고 돌아오는 길, 그녀와 함께 해야 할 5개월이 미리 걱정되어서 힘이 빠졌다.

▶ 〈완주문화원〉에서 실시한 '백제문화유적 답사'에 참여하여

그러나 우려했던 것과는 다르게 3명의 학습자 중에서 가장 열심히 공부하고 학습의 효과가 가장 크게 나타나는 사람은 바로 그녀였다.

나는 그녀와 함께 공부를 하면서 그녀에게 여러 번 감탄했고, 그녀에게서 살아가는 용기를 얻었고, 그녀에게서 맑은 기운을 받았다.

한국어 공부를 하면서 보니 공부하는 태도나 학습 내용을 받아들이는 정도가 매우 뛰어나서, 그녀에게 물었다. 베트남에서 학교는 어디까지 다녔느냐고. 그녀는 중학교를 졸업했다고 하였다. 중학교 다닐 때는 전교에서 2, 3등을 할 정도로 성적이 좋았다고 하였다. 왜 고등학교에는 진학하지 않았느냐고 했더니 가정 형편이 좋지 않아서 그랬노라고, 당연한 대답을 하였다. 대답할 때 그녀의 얼굴에 살짝 씁쓸한 미소가 스쳐 가는 것을 보며, 아, 내가 해서는 안 될 질문을 했구나 싶어 어찌나 미안했던지……. 이 몹쓸 학자적인 호기심 같으니라고…….

그녀는 마늘 공장에서 일해서 번 돈을 차곡차곡 모아서 베트남에 보낸다고 하였다. 마늘 공장을 비롯한 양파 공장, 상추 농장, 딸기 농장, 식당 등등에서 일을 하면 하루 일당으로 3만원을 받을 수 있다. 그녀는 한국 돈 1만원은 베트남 돈 15만원에 해당한다고 했다. 다행히 남편도 시어머니도 그녀가 돈을 벌어서 베트남으로 보내는 것이나, 남편의 농사일을 돕지 않고 마늘 공장으로 제 돈 벌러 가는 것을 모두 인정해 주고 있었다. 그녀는 한편으로는 부모님께 돈을 부치고 다른 한편으로는 아이와 함께 부모님을 만나러 가기 위해서 돈을 모으고 있었다.

그녀는 결혼중개업체에 부탁해서 베트남에 계신 부모님한테 돈을 전달해 주고 있었다. 왜 은행으로 송금하지 않느냐고 물었더니, 부모님이 은행 이용 방법을 모르기 때문이란다. 결혼중개업체를 통해 돈을 보낸 후에 외삼촌네로 전화를 해서 부모님이 돈을 받았는지를 확인한

단다. 집에는 전화가 없다고 말하면서 그녀는 부끄러운 듯한 웃음을 보였다.

한번은 학습자들과 함께 고향에 부모님을 만나러 가는 일에 대해서 이야기를 나누게 되었다. 그때 그녀는 온몸을 흔들며 말했다. 부모님께 드릴 돈을 한 푼도 가지지 못한 채로 부모님을 만나러 가는 것은 죽어도, 정말 죽으면 죽었지 죽어도 못한다고. 그 말을 들으면서 나는 그녀가 한 달에 5kg이 넘게 살이 빠지면서도 공장 일을 쉬지 않는 이유나 그녀가 먼 타국인 한국 땅에까지 온 이유를 짐작할 수 있었다. 그것이 유일한 이유는 아니었겠지만, 그것이 그녀가 한국 생활을 당차게 해나가는 가장 큰 이유의 하나일 것은 분명했다.

공부를 하다 보면 밤 10시 다 돼서야 끝이 났다. 8시에 만나는 일도 거의 없고 대개는 8시 30분이 다 되어서야 만나다 보니 공부가 끝나는 시간도 그만큼 늦어졌다. 8시에 만나더라도, 맡길 데가 없어서 데리고 간 나의 딸들과 그녀가 데려온 그녀의 딸이 뒤섞여서 난리법석을 치르다 보면, 정작 공부는 8시 30분이나 되어서야 시작할 수 있었다. 나중에는 3명의 학습자가 함께 공부를 하였는데, 그러다 보니 자기들끼리 이야기보따리를 풀어놓느라, 공부는 오히려 양념일 때도 있었다. 그녀들이 베트남 말로 수다를 떨면, 나는 그저 친절한 미소를 잃지 않으려고 애를 쓰며 듣고만 있어야 했다. 혹시라도 그녀들이 베트남 말을 한 마디도 알아듣지 못하는 나를 바보 같다고 생각하지나 않을까 걱정하며 말이다.

10시가 가까운 시간에 공부가 끝이 나면 그녀는 대개 남편에게 전화를 걸었다. 공부를 하고 있는 마을회관에서 그녀의 집까지는 자동차로 10분도 안 걸렸다. 다행히 3명의 학습자가 모두 집이 가까워서 내가 집까지 가서 데려오고 공부가 끝나면 다시 데려다 주는 일이 그리 힘들지는 않았다.

내가 데려다 주겠다고 해도 그녀는 남편이 일을 나가지 않고 집에 있는 날에는 꼬박꼬박 남편에게 전화를 걸었다. (그녀의 남편은 자기 논농사도 짓고, 마늘이며 양파 농사도 짓고, 딸기 농사도 짓고, 농사일이 바쁘지 않을 때는 공사판으로 하루 품을 팔러 나갔다. 그녀의 남편은 가족도 아닌 내가 보기에도 안쓰러울 만큼 열심히 사는 사람이었다.) 그녀의 통화는 대부분 이랬다.

"어디야? 술? 죽어! 빨리 와!"

"누구? 누구랑 술 마셔? 내가 그 아저씨랑 술 마시지 말라고 했잖아! 빨리 와!"

그녀는 남편이 날마다 술을 마셔서 그 버릇을 고쳐 놓느라고 허구한 날 싸웠다고 했다. 동네에 사는 어떤 아저씨하고는 술만 마시면 인사불성으로 취하게 마셔서 같이 어울리지 못하게 하느라고 지금도 싸운다고 했다. 그 덕분에 지금은 그래도 남편이 술을 덜 마신단다. 그녀가 남편에게 전화를 해서 당장 달려오라고 호통을 칠 때면, 나는 그녀의 당찬 모습에 감탄하면서도 그렇게 호통칠 수 있는 그녀가 부러워지고는 했다.

그녀가 전화를 끊고 나면 15분 이내에 그녀의 남편이 파란색 1톤 트럭을 끌고 부리나케 달려왔다. 옆자리에 4살짜리 딸과 아내를 태우고 돌아가는 그의 모습은 늘 행복해 보였다. 남편 트럭에 앉아서 손을 흔드는 그녀의 모습도 언제나 행복해 보였다. 칠흑같이 어두운 시골길을 뚫고 가는 그들의 트럭을 보며, 나는 다른 사람들에게는 보이지 않는 그 가족의 어두운 구석이 없음에 참으로 감사하곤 했다.

그녀는 내가 아는 여성결혼이민자 중에서 한국 사회에 가장 잘 적응한 사람이다. 시어머니의 사랑을 듬뿍 받으면서 남편도 확실하게 휘어잡고 살아가는 여성은, 한국 사람 중에서도 그리 많지 않을 것이다. 그녀는 다행히 한국 생활에도 잘 적응을 하였고, 무엇보다도 한국 음식에 잘 적응을 하였다.

▸ 그녀가 만든 잡채를 맛있게 먹는 아이들

여성결혼이민자들 중에는 한국 음식을 먹지 못 해서 고생을 아주 심하게 하는 사람이 의외로 적지 않다. 어떤 베트남 여성은 임신 기간에는 물론이고 아이를 낳은 다음에도 한국 음식을 먹을 수가 없어서, 우유와 초코파이로 세 끼니를 때우는 것도 보았다. 젖 먹이는 어미가 그러면 안 된다고 아무리 말려도, 도대체 한국 음식은 목구멍으로 넘어가지를 않는다는데 어쩔 것인가!

다행히 그녀는 한국 음식을 잘 먹을 뿐만 아니라 만들기도 잘했다. 농림부의 여성결혼이민자지원사업은 한국어는 물론이고 한국 문화까지도 교육 내용에 포함시키고 있었다. 방문교육도우미는 한 달에 1회 이상 한국 문화를 가르쳐 주어야 하는데, 한국 문화 항목 중에 한국 요리도 포함되어 있었다.

그녀 덕분에 한국 요리 시간을 무사히 넘길 수 있었다. 그녀는 못하는 한국 요리가 없을 정도로 한국 요리를 잘했다. 김치전과 야채전, 잡채, 쇠고기불고기 정도가 내가 소화할 수 있는 한국 요리였는데, 그녀는 내가 가르칠 필요도 없었다. 그녀가 요리 선생님이 되어 다른 베트남 여성을 가르쳐 줄 정도였다. 나는 재료를 준비해 주고, 요리 재료의 한국어 이름이나 요리 과정의 한국어 표현 등 요리 한국어를 가르쳐 주는 것으로 임무를 다했다.

그녀가 없었다면 한국어나 한국 문화를 가르치는 시간들이 참 많이 힘들었을 것이다. 그녀는 한국어와 한국 문화 시간에는 보조 강사 역할도 해주었고, 다른 여성결혼이민자가 힘들어하는 생활상의 문제에 대해서도 현명한 조언자 역할을 해주었다. 그녀가 늘 웃는 얼굴로 당차게 살아가는 모습은 나에게도 물론 큰 힘이 되었다.

지난해 어린이집 연말행사에서 오랜만에 그녀를 보았다. 그녀는 둘째아이를 임신하고 있었다. 배가 부른 모양을 보아 하니 이른 봄에 출산할 것 같았다. 임신 때문에 마늘 공장은 그만 두고 그냥 집에서 쉬고 있노라고 하였다. 그녀는 여전히 나를 보며 반갑게 활짝 웃었고, 그녀의 딸은 그 사이 훌쩍 커버려서 나를 못 알아보았지만 맑고 예쁜 모습이었다. 나 역시 그녀를 보는 것이 마냥 기분이 좋아서 그녀를 꼭 껴안고 등을 다독여 주었다.

그녀가 둘째아이를 낳으면 그녀를 보러 가야겠다. 여전히 건강하신 그녀의 시어머니와 마음씨 좋은 웃음을 보이는 그녀의 남편과 다섯 살짜리 예쁜 딸에게 둘러 싸여 갓난아기를 안고 기뻐하는 그녀의 모습이 보고 싶다.

사라져버린 그녀

시골 마을에 가서 여성결혼이민자의 이름을 말하면 대개는 한 번에 알아듣지 못한다. 시골 할머니, 할아버지들이 그녀들의 이국적인 이름을 제대로 알아듣고 기억하기는 쉽지 않은 모양이다. 세 글자가 넘는 이름은 대개 "응, 저기, 베트남에서 온……저기?"가 된다.

그런가 하면 말하는 사람마다 다른 이름이 되는 경우도 있다. 투이라든가 흐엉, 프엉이라는 이름은 베트남에서는 흔한 이름인지 대여섯 명 중에 한 명 꼴은 그런 이름이 꼭 있다. 마을에 가서 마주치는 할머니나 할아버지한테 그녀들의 이름을 말하며 사는 곳을 묻기도 한다. 그러면 그분들이 "응, ○○?"라고 되받아서 발음할 때는 다른 이름이 되어 있다.

투이처럼 간단한 이름도 투이, 튀, 티, 치, 심지어는 루이가 되기도 한다. 흐엉은 흥, 헝, 후엉, 항 등으로, 프엉은 푸엉, 펑, 폼, 품, 심지어는 붐으로 바뀌어 있고는 한다. 베트남 발음이 익숙하지 않은 할머니, 할아버지들이 당신들 귀에 들리는 대로 불러 버리기 때문이다. 그녀도 그런 흔한 이름을 가진 베트남 여성이었다.

▸ 사진을 찍자고 했더니 나무 뒤에 숨어 버린다

그녀는 내 하반기 학습자 중의 한 명이었다. 그녀와 만날 약속을 잡기 위해 일주일이 넘게 전화를 하였지만 그녀의 집에서는 아무도 전화를 받지 않았다. 농번기여서 집에 아무도 없을 수도 있었다. 이번에도 안 받으면 내일은 그냥 집으로 찾아가야지 하는 참에 어떤 남자가 드디어 전화를 받았다. 그런데 왠지 말하는 것이 어눌한 그 남자와는 전화로 의사소통을 할 수가 없었다. 내가 무슨 말을 하는지 이해하지 못하는 듯했고, 나 역시 그의 말을 알아들을 수 없었기 때문이다.

마침내 그녀와 통화를 하게 되었고 그 다음 날 아침 그녀의 집에 찾아갔다. 그녀가 사는 마을에 가서 마을 사람들에게 그녀의 이름을 말할 때마다, 마을 사람들은 다른 이름을 말했다. 여러 개의 이름을 가진 그녀를 그렇게 만나게 되었다.

그녀는 아주 바빴다. 도무지 공부할 시간을 정할 수가 없을 만큼 아주 많이 바빴다. 그녀를 만난 때는 8월 초로, 고추를 수확하는 시기였던 것이다. 다른 농촌 마을에서도 대개 그렇지만, 그녀가 사는 마을에서도 그녀는 가장 젊은 사람이었다. 고추를 따는 시기가 되면 어린아이 손이라도 빌려야 할 만큼 농촌이 바빠진다. 그녀처럼 성실하고 일도 곧잘 하는 젊은 사람은 아주 귀한 일손이었다.

그녀의 한국어 실력은 다른 여성결혼이민자에 비하면 괜찮은 편이었다. 발음이야 그냥 그렇다고 접어두고 보면, 상당한 수준이라고 할 수도 있었다. 그녀는 한국어 글자를 정확하게 쓸 줄 알았고, 정확한 한국어 문장에 관심이 아주 많았다. 그녀가 그동안 혼자서 공부해 온 흔적들을 꺼내 놓았을 때, 그것이 눈에 보이지 않는 노력의 결과라는 것을 알 수 있었다.

끝이 나달나달해진 베한사전, 결혼중개업체 사장이 지은 한국어 책, 베트남에서 결혼식을 올린 후 결혼중개업체에서 제공받은 8쪽짜리 한국어 교재, 그리고 한국어 낱말과 짧은 문장을 베트남어로 번역해 놓은 그녀의 공책들. 그녀의 공책에는 베트남에서 배운 한국 음식의 조리법도 깨알같이 적혀 있었다. 여성가족부에서 출판한 "여성결혼이민자를 위한 한국어(초급)"도 있었는데, 그 동네 목사님이 책도 구해다 주시고 시간 될 때마다 붙잡고 공부도 시킨 거였다.

도무지 시간이 나지 않는데도, 한국어를 공부하려는 그녀의 열망은 매우 강렬했다. 결국 기본적인 학습 시간은 정했지만, 그때그때 상황에 맞게, 시간이 나는 대로 연락해 가면서 공부하기로 했다.

그녀는 말수가 적고 행동이 조용하였지만, 일하는 솜씨는 재빠르고 능숙했다. 내가 가면 아주 익숙한 솜씨로 과일을 깎고 커피를 타서

쟁반에 받쳐 들고 가지고 들어오고는 했다.

얼굴에는 왠지 모를 그늘이 보였지만, 이야기를 나누다 보면 어느새 깔깔거리고 웃기를 잘했다. 학습에 대한 열정에 비해서는 수용하는 능력이 그다지 뛰어나지도 않았고 한국어 실력도 그리 나아지지 않았지만, 그녀와 공부하는 시간은 나름대로 즐거웠다.

그녀는 시부모님과 함께 살고 있었고, 결혼한 지 2년이 지났는데 아이는 아직 없었다. 그녀의 시부모님은 다른 집들과는 달리, 내가 가는 것을 달가워하지 않는 눈치였다. 원래 말투가 그러시는 건지 외부인의 방문이 싫어서 그러시는 건지는 알 수 없었지만, 인사를 해도 제대로 받아주지 않고 무슨 말을 해도 눈 한 번 마주치지 않고 피해버리기 일쑤였다.

내가 그녀의 집에 찾아가는 시간에는 대개 그녀 혼자 집에 있었다. 집에서 혼자서 나를 기다리고 있거나, 아니면 밭에서 일을 하다가 서둘러서 시간에 맞춰 돌아오고는 했다. 그녀의 시어머니나 그녀의 남편은 집에 있다가도, 내가 찾아가면 그녀의 시어머니가 아들을 데리고는 어디론가 나가버리고는 했다. 논밭에서 일을 하느라 집에 없는 시간이 많았지만, 행여 집에 있게 되어도 내가 가는 시간에 맞춰 자리를 피하는 눈치였다. 그러거나 말거나 나는 내 의무를 다하면 그만일 뿐이었다.

그녀가 약속 시간을 지키지 못하는 경우는, 갑작스럽게 누구네 집에서 일손이 급해서 그녀를 청하는 때가 대부분이었다. 그런데 그중 몇 번은 그녀의 외출 때문이기도 했다. 가끔 그녀는 가까운 도시에 있는 작은 시장으로 외출을 했다.

처음에는 그녀가 별다른 일도 없이 외출을 하느라 약속 시간을 지키지 않는 것을 몰랐다. 그녀는 일이 있어서 시장에 다녀왔다고만 했고, 나는 필요한 물건이 있어서 다녀왔겠지 하고는 넘어갔다. 외출 때문에 약속을 깨는 일이 그리 잦은 것도 아니어서 솔직히 신경 쓰이지도 않았다. 그녀의 외출 때문에 그녀의 집 앞에까지 갔다가 그냥 돌아오는 경우도 있었지만, 그렇게 예고 없이 약속을 깨는 거야 이미 충분히 다른 학습자들에게서 경험한 터라 문제가 있다고 생각하지도 않았다.

함께 공부를 시작한 지 두 달쯤 지나자 그녀는 속에 있는 말도 조금은 꺼내 놓았다. 그때서야 나도 그녀에게 ㅇㅇ시에 가면 뭐하느냐고 물었다. 사실은, 그저 그녀가 ㅇㅇ시에 있는 시장에 가서 마주쳤던 상황을, 한국어 수업에 활용하려고 물어본 것뿐이었다.

"ㅇㅇ시에 가면 뭐해요?"

"에? (웃음) 그냥 구경해요."

"뭐 구경해요?"

"옷 구경, 화장품 구경, 신발 구경. (웃음)"

그리고는 어떤 때는 5천원을 주고 샀다며 예쁜 티셔츠를 꺼내 보여주기도 했다. 언젠가는 말린 바나나를 한 봉지 사와서는 수업 시간에 함께 먹자고 뜯어 놓기도 했다.

그러던 어느 날, 그녀의 외출에 문제가 있다는 것을 어렴풋이 짐작하게 되었다. 그날도 그저 의례적으로 시장에 가서 뭐했느냐고 물었다.

"ㅇㅇ시에 갔다 왔어요?"

"에."

"ㅇㅇ시에 가서 뭐했어요?"

"PC방에 갔어요. (웃음)"

"예? PC방요?"

"에. (웃음)"

"PC방에서 뭐했어요?"

"영화 봤어요. (웃음)"

"무슨 영화 봤어요?"

"베트남 영화. (웃음)"

그녀에게서 전혀 생각지도 못했던 대답이 나왔다. 그녀는 ○○시에 가면 하루 종일 PC방에서 베트남 영화를 본다고 했다. 영화도 보고 채팅도 하고, 그렇게 하루를 보내고는 돌아온다고 했다. 특별한 내용은 없었지만 이야기를 나누는 과정에서 그녀에게 뭔가 문제가 있다는 것을 감지할 수 있었다. 사실, 그토록 바쁜 시기에 굳이 시간을 내서 PC방에 가서 하루 종일 베트남 영화를 본다는 것도, 일상적인 것은 아니었다.

그날 공부는 접어두고 이런저런 이야기를 나누는 과정에서, 그녀에게서 여러 가지 이야기를 들을 수 있었다. 안타깝게도 그녀는 남편에 대한 감정이 좋지 않았다. 몇 달 전에 친정 엄마가 돌아가셨을 때, 남편이 한 마디도 위로해주지 않았던 것이 결정적인 원인이었다.

"친정 엄마 돌아가셨어. 나 울어요. 남편 말 하나 안 해요."

그 말을 하면서 그녀는 화가 난 것처럼 격앙되기도 했다.

그녀의 남편은 정신 지체 장애인이다. 처음에 전화상으로 대화를 나눌 수 없었던 이유가 바로 그것이었다. 그녀의 시어머니가 항상 아들을 끼고 다니는 것도 그것이 이유였다. 정신 지체여서 뭔가 판단하고 행동할 수 없는 아들, 걷는 것도 말하는 것도 어눌한 아들, 그 아들이 늘 조심스럽고 불안해서, 그녀의 시어머니는 오십이 다 된 아들을 한시도 손에서 놓지 않으셨던 것 같다.

친정 엄마가 돌아가실 때 임종도 못하고, 장례식만 치르고 또다시 부랴부랴 한국으로 돌아와야만 했던 그녀. 병든 엄마에게 아무런 도움도 되지 못했던 그녀. 친정 엄마가 돌아가신 슬픔을 낯선 한국 땅에서 혼자 견뎌야 했던 그녀. 남편에게 기대고자 하나 정작 그 남편은 일흔 살이 넘은 엄마의 손에 매달려 있는 모습을 봐야 했던 그녀.

그녀는 시댁 식구들과도 그다지 소통이 잘 되는 것 같지는 않았다. 주변에 속을 터놓을 친구도 없어 보였다. 동네에 친하게 지내는 언니가 한명 있기는 했지만 그 언니 말로는 자기에게도 속엣말을 안 한다고 했다.

그녀는 슬퍼서 하루 종일 우는 자신에게 남편이 단 한 마디도 하지 않았다고 했다. 위로하지 않는 남편, 거기서 그녀는 절망을 느꼈을지도 모른다. 낯선 한국 땅에서 의지가지없이 혼자서 생을 견뎌야 할지도 모른다는 두려움, 남편마저도 의지할 수 없다는 절망감, 그것이 그녀를 자꾸만 ㅇㅇ시로 나들이를 하게 만든 것 같았다. 컴퓨터 모니터에 비친 베트남 영화가 그나마 그녀에게는 위안이 되었던 것이었을까.

그녀는 그렇게 혼자서만 돌았다. 그녀는 그 어떤 행사에도 참여하려고 하지 않았다. 대부분의 여성결혼이민자들은 버스를 타고 멀리 외출하는 행사에는 참여율이 높은 편이다. 그런 날에는 한껏 예쁘게 차려입고 나와서는 오랜만에 만난 같은 국가 출신 여성들과 수다 떠는 것도 즐거워한다. 그런데 그녀는 다른 여성결혼이민자들하고 어울리지도 않았다.

함께 공부하는 5개월 동안, 그리고 그 이후에도 그녀는 딱 한 번 나와 함께 공식적인 행사에 참여했다. 그때가 '백제문화유적답사'였다. 어디에서 무슨 일이 있으니까 같이 가자고 하면, 그녀는 대개 안 간다고 한다. 어떤 때는 그냥 대답으로만 가겠다고 해 놓고는, 행사 당일에 연락도 없이 안 나오고는 했다. 그런데 그때는 어쩐 일인지 따라나섰다.

▶ 여성결혼이민자들과 함께 간 백제문화유적답사 중 한 곳

아침 일찍 모여서 예산 수덕사, 서산 마애삼존불상, 무슨 절터 등등 여러 곳을 다녔다. 행사는 완주문화원에서 주관을 했고, 완주다문화가정지원센터에서 여러 명의 여성결혼이민자가 함께 참여했다. 그녀는 하루 종일 다니면서도 베트남에서 온 다른 여성들과 어울리지 않았다.

가는 곳마다 무리에서 떨어져 혼자서 주위를 배회하고는 했다. 사진을 찍자고 해도 나무 뒤로 숨어 버리거나, 저만치 도망쳐 버리고는 했다. 다른 여성들이 손가락으로 브이 자를 그려가며 더 찍어 달라고 활짝 웃는 것과는 너무도 다른 모습이었다.

약속된 5개월 동안의 학습이 끝난 이후로는 딱 한 번 그녀를 보았

► 자꾸만 무리 속에서 떨어져 혼자서 주위를 배회하는 그녀

다. 베트남 여성 대여섯 명이서 오토바이를 나눠 타고 가는 무리 속에 그녀가 있었다. 그녀들은 다 같이 마늘 공장에 다닌다고 했다. 그때 그녀는 내가 그녀에게서 빌린 한국어 책이랑 공책을 돌려 달라고 했다.

나는 아직 논문을 못 썼으니 조금만 더 보고 돌려주겠다고, 곧 만나자고, 연락하겠다고 했다. 그러고나서 몇 달 뒤, 나는 그녀가 집을 나갔다는 소문을 들었다. 휴대폰도 바꿔버리고 어딘가로 사라진 지 두어 달 되었다고 했다. 아무래도 그녀는 다시는 돌아오지 않을 것 같다고 했다.

유난히 외로워하고 웃는 모습마저도 쓸쓸했던 그녀, 마을 사람들한테 이름도 제대로 불리지 못하거나 '베트남에서 온 저기'였던 그녀가, 끝내 사라져 버렸다. 아내를 사랑하기는 했지만 침묵으로 밖에는 자신의 사랑을 표현하지 못했던 남편에게서도 떠나버렸다.

가끔, 돌부리에 걸린 풀잎사귀를 툭툭 걷어차거나 무심히 하늘을 올려다보던 그녀의 뒷모습이 떠오른다. 하얀 점퍼 주머니에 양손을 푹 찔러 넣고 아무 곳도 보지 않고, 아무에게도 다가가지 않았던 그녀의 모습이 생각난다.

그녀가 어디에 있든지 행복해졌으면 좋겠다. 아니, 어느 날인가 문득 돌아와서 선생님, 내 책 빨리 내놓으라고, 그렇게 오래 책을 빌려가는 사람이 어디 있느냐고 따졌으면 좋겠다.

철없는 그녀들의 한국살이

한국어 방문 교육을 하다 보면 본의 아니게 가족 간의 갈등에 끼어들게 되는 경우가 있다. 여성결혼이민자의 집에까지 가서 교육을 하기 때문에 가족들과 일상적으로 부딪히다 보니 자연스레 개입하게 되는 경우도 있고, 어떤 때는 여성결혼이민자가 도움을 청해서 중재를 해야 하는 경우도 있다.

한국으로 이주한 지 얼마 되지 않은 여성결혼이민자들일수록 한국어 교사에게 정서적으로 의지하는 경우가 많다. 가족들과 뚝 떨어져서 낯설고 물설기만 한 남의 나라에 시집이라고 와 있으니 그럴 만도 하다.

어떤 선생님은 자신의 학습자가 새벽 3시에 지금 아기를 낳으러 간다고, 병원으로 좀 와 달라고 전화가 왔더란다. 막 전화를 받았을 때는 좀 황당한 생각도 들었지만, 선생님 자신이 아기를 낳을 때를 돌이켜보니 그 학습자가 이해가 되더란다.

옛날 엄마들은 아기를 낳으러 들어가다가 댓돌 위에 놓인 신발을 돌아보며 '저 신발을 다시 신을 수 있을까?'하는 생각을 했다던데, 그 선생님 자신도 첫아기를 낳을 때는 무사히 낳을 수 있을지, 아기도 자신도 모두 무사할지 참 많이 불안했었던 거며, 어찌나 불안감이 컸던지 옆에 있는 남편보다는 친정 엄마가 아주 간절하게 보고 싶었던 기억이 새삼 떠올랐단다.

'이 학습자도 지금 나를 한국어 선생님이 아니라 친정 엄마로 보고 싶어 하겠구나.' 싶어서 한달음에 달려가 밤새 산통을 겪는 학습자의 옆에서 손을 꼭 잡아 주었다고 한다.

여성에게 있어서 결혼은 제 2의 인생에 비견될 만큼 중대한 변화가 많은 사건이다. 그런데다가, 낯선 땅에서 겪는 결혼 생활에 대한 궁금증이나 결혼 생활로 인한 어려움을 호소하고 의논할 친정 엄마도 친정 언니도 곁에 없으니, 그래도 꼬박꼬박 자신을 찾아주는 한국어 방문교사에게 의지하는 것이 어쩌면 당연한 일일지도 모른다.

나와 함께 공부했던 여성결혼이민자들도 학습을 시작한 지 두어 달이 지나자, 선생님하고 낯도 많이 익고, 이 선생님이 그래도 자기 편들어 주는 것도 알겠고 싶어졌던지 이런저런 가족 이야기도 종종 들려주었다. 솔직히 말해서, 그녀들의 이야기를 듣다 보면 '참, 저런 것도 싸움거리가 되나.' 싶은 사례들도 있다.

그래도 한국어 방문교사는 기본적으로 여성결혼이민자의 입장에서서 그들의 권익을 지켜주고 인권을 보호하는 데 일조해야 한다는 의무감 때문에, 그녀들의 이야기를 끝까지 경청해 주고는 했다.

스물을 갓 넘긴 나이에 한국의 시골마을로 시집온 그녀는 시아버지와 사이가 좋지 않다고 하였다. 동네 어르신들은 그녀의 시아버지는 우리 집 며느리가 저 모양이라서 큰일이라고 한다 하셨고, 그녀의 친구들은 그녀가 할아버지를 나쁘다고 그런다고 하였다.

그녀는 80세가 넘은 그녀의 시아버지를 단 한 번도 아버지라고 지칭하지 않았다. 그 대신에 언제나 '할아버지'라고 했다. 그녀가 '시아버지'라는 말을 몰라서 그러는 것이 아니었다. 이제 스무 살을 갓 넘긴 그녀에게 여든 살이 넘은 시아버지는 아마도 '아버지'보다는 '할아버지' 쪽에 가깝게 느껴졌을 것이다. 베트남에 계신 그녀의 친정아버지는 이제 갓 50을 넘겼다니, 80세가 넘은 분을 '아버지'로 받아들이기는 어려웠을 터이다. 하지만 그보다는 마음이 가까워지지 않았기 때문이 아니었을까 싶다.

그녀의 시아버지가 그녀를 흉보는 데에는 아침상을 안 차려준다는 것이 가장 큰 이유로 작용하는 것 같아 보였다. 그녀의 시아버지는 말수가 적어서 나하고는 말 한 마디 나눠 본 적이 없으니 그 입장을 직접 알아낼 수는 없었다. 하지만 그녀의 이야기를 미루어 보면 아침밥상 때문에 그 사단이 난 것이 분명해 보인다.

그녀의 이야기를 들어 본 바에 의하면 그녀의 시아버지는 그녀가 정성껏 차려 드린 아침 밥상을 패대기를 쳐버렸다고 한다. 없는 살림에 계란 프라이까지 해서 상을 차려 드렸건만 반찬 접시를 젓가락으로 깨작깨작 뒤집어 보더니 확 뒤집어 엎어버리더라는 것이다. 그녀는 그때부터 시아버지 밥상을 안 차렸다고 한다.

그녀는 항변했다.

"선생님, 나, 아침 안 먹어. 왜 할아버지 밥 줘?"

"아침을 안 먹어요? 왜 아침을 안 먹어요?"

"나, 베트남, 아침, 밥 안 먹어요."

자신은 베트남에 있었을 때부터 아침을 안 먹었는데, 이제 와서 시아버지 때문에 아침을 먹어야 하느냐고, 정작 자신은 아침을 안 먹는

▸ 공부하다가 아기가 울면 젖을 먹이고

데 왜 밥을 안 먹는 내가 시아버지 밥을 차려 줘야 하는 거냐고, 그런 건 먹을 사람이 알아서 차려 먹어야지 왜 차려 달라고 하는 거냐고, 또 차려 줬으면 맛있게 먹기나 할 일이지 왜 상을 엎어버리는 거냐고, 그런 항변이었다.

베트남을 비롯한 동남아시아의 더운 나라들에서는 대부분 아침밥이나 점심밥은 밖에서 사먹는다고 한다. 그녀 역시 아침에 등교하는 길에 엄마가 돈을 쥐어 주면 그걸로 아침을 사서 먹고는 학교에 가고는 했단다.

한국에서는 아침은 반드시 집에서 먹어야 하고 점심이나 저녁은 외식을 해도 된다는 생각이 일반적이다. 한국의 아침 풍경이 바빠져서 아침마저 사먹는 사람들이 많아진 요즘에도, 아침밥은 미리 사서 준비를 해두든, 당일 아침에 해서 먹든지 어찌 되었든 집에서 먹어야 한다고 생각하는 사람이 아직도 더 많아 보인다.

베트남은 한국과는 정반대로 아침은 밖에서 간단하게 먹고 저녁은 집에서 푸짐하게 만들어 먹는다니, 그녀가 아침밥상을 소홀히 하는 것도 이해가 될 일이었다.

그녀가 아침밥상을 차리는 문제로 그렇게 화를 냈던 데에는 더 많은 이유가 있었다.

"나, 애기 젖 먹어. 나, 밥 못 먹어."

"애기 젖을 먹여요? 그런데 밥을 못 먹어요? 왜요?"

"여기 음식, 맛없어요. 나, 김치 못 먹어요. 매워요."

"그럼 어떻게 해요?"

"나, 과자 먹어요. 우유, 초코파이 먹어. 남편, 사 줘요."

"남편이 과자랑 우유, 초코파이를 사다 줘서 먹어요? 젖은 괜찮아요?"

"괜찮아요."

그녀의 말대로 그녀의 방에는, 우리에게는 군것질거리이지만 그녀에게는 일용할 양식인 여러 가지 과자와 초코파이, 멸균 팩 우유 등이 그득했다. 다행히도 그녀의 젖은 어린 딸을 먹이기에 부족함이 없을 만큼 늘 풍부했다.

"할아버지, 돈 안 줘. 나, 애기, 고기 먹고 싶어. 할아버지 돈 안 줘."

아기를 가졌을 때 입덧이 심해서 음식도 못 먹었고, 돼지고기며 닭고기를 먹고 싶었는데 시아버지가 돈을 안 줘서 먹지 못했다는 이야기였다.

베트남에서는 아기를 낳고 나면 돼지고기에다가 감자랑 양파, 당근 등을 넣고 푹 삶아서 많이 먹는다고 했다. 산후 조리 때문이 아니더라도 베트남에서는 돼지고기를 많이 먹는다는데, 아기까지 낳은 그녀의 밥상에는 고기가 오르는 일이 없었으니 화도 날 만한 일이었다. 더군다나 고기는커녕 웬 시커멓고 넓적한 것이 둥둥 떠다는 것을 끼니때마다 갖다 주며, 미역국을 많이 먹어야 젖도 잘 나온다고 억지로 먹여대니, 정말 살 수가 없었노라고 하였다.

그녀는 시아버지가 그녀에게나 그녀의 남편에게 돈을 한 푼도 주지 않는다고 했다. 도시에서 사업을 하다가 실패를 하고 홀아버지가 계신 고향으로 돌아온 그녀의 남편은, 그때만 해도 별다른 직업이 없이 한편으로는 할 일을 구하러 다니면서 그저 아버지의 농사일을 돕고 있었다.

더군다나 그녀의 남편은 손이 심하게 변형되고 다리도 저는 지체장애인이다. 그녀의 남편은 어린 아내와 갓난 딸에게는 끔찍이도 자상해서 그나마 그녀는 남편 하나를 온전히 믿고 한국살이를 하고 있었다.

그런 그녀가 안쓰러워서 다른 여성결혼이민자와 함께 공부하는 시간이면 이런저런 핑계를 대서 치킨을 시켜준 적도 있다. 갓난 딸을 옆에 안고 입 주위에 양념을 묻혀 가며 어찌나 맛나게 먹던지…….

▸ 열심히 태극기를 그리는 중

그녀의 시아버지에게서 직접 이야기를 듣지는 못했지만, 마을 회관에서 만난 동네 할머니들을 통해서 나는 그녀의 시아버지가 무엇 때문에 그리도 그녀에게 역정을 내시는지 들을 수 있었다.

시아버지는, 며느리라는 사람이 해가 중천에 떠오르도록 도대체가 일어나는 법이 없으니, 농사를 짓는 집 며느리가 그래서야 어디 쓸모가 있느냐는 것이다. 거기다가 입맛 까다로운 시아버지로서는 며느리가 해주는 음식이 그 어느 것 하나도 입에 맞는 게 없으니 어디 젓가락을 둘 데가 있어 밥을 맛있게 먹겠는가 말이다. 그리고 도시에서 하던 사업을 말아먹고 아버지한테 와서 밥을 얻어먹고 있는 아들한테 집안의 경제권을 맡기다니, 이거야말로 있을 수 없는 일이다.

사실 한국보다 더운 나라에서 온 며느리를 둔 농가에서는 대부분 이런 일들로 갈등을 겪는다. 밥을 안 해 준다거니, 밥을 하기는 했는데 돼지가 먹는 밥인지 사람이 먹는 밥인지 정체를 알 수가 없다거니, 웬 놈의 조미료는 또 그리 몽땅 들이부어서 도무지 느글거려서 먹을 수가 없다거니, 아니, 다 그만 두고 밥이나 좀 할 줄 아는 놈을 데려 왔으면 좋겠다거니…….

경제적인 것도 아주 큰 갈등을 겪는 부분이다. 며느리한테 생활비를 내어 줬더니 얼마 안 되는 기간 동안에 다 탕진해 버리더라고, 그 참 집안 망해 먹을 며느리가 들어와서 큰일이라고……. 그런데 더운 나라 사람들은 일반적으로 저축 관념이 희박하다고 한다. 미리 먹을 것을 저장해 두어야만 겨울 동안에 살아남을 수 있었던 한국과는 달리, 날씨가 더운 덕분에 늘 먹을 것이 주위에 널려 있어서 저축에 대한 강박관념이 크지 않다고 한다. 그러니 외국인 며느리들이 한국 사람처럼 한 달 동안의 생활비라든가, 일 년 가정 경제에 대한 계획, 더 나아가서는 일생에 대한 대책을 생각할 수 있겠는가 말이다.

이러저러한 이유들로 외국인 며느리를 둔 가정에서는 아무것도 아닌 일들로 많은 갈등을 겪는 셈이다.

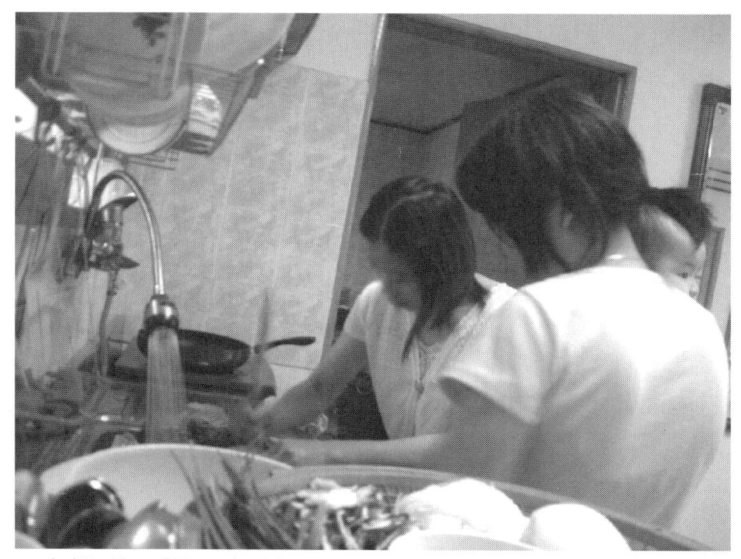

▸ 아기를 안고 한국요리 실습 중

시부모님들 입장에서 보면 외국인 며느리가 '참으로 철딱서니가 없어서 집안 말아먹을 못된 것들'이고, 외국인 며느리의 입장에서 보면 '머나먼 곳에서 온 며느리를 야멸치게 대하는 피도 눈물도 없는 족속들'이 되는 것이다.

그러다 보니 우리 같은 한국어 교사들의 중요한 임무 가운데 하나가, 여성결혼이민자들의 가족에게 여성결혼이민자 국가의 문화를 이해시키는 일이 될 수밖에 없다. 한국어 방문교육자의 임무가 아무리 그러하다 해도, 남의 가정사에 끼어들기는 좀, 아니 아주 많이 곤란할 때가 많다.

싸움이라는 것이 본래 하는 사람들에게는 절박한 일이고 구경하는 사람들에게는 재미있는 이야깃거리지만, 어쩔 수 없이 거기에 말려드는 사람에게는 그야말로 곤혹스럽기 그지없는 일이다. 더군다나 가족 구성원끼리의 싸움이라면 어떻게 해서든지 피하고 봐야 한다.

가족 간의 싸움은 대부분 서로 첨예하게 대립하는 입장만 있고 해결 방법이 없는 경우가 대부분이기 때문이다. 여성결혼이민자와 그 가족 간의 갈등도 많은 경우가 그러하다.

그녀와 시아버지의 갈등에 대해서도 나는 슬며시 모르는 체를 했다. 그녀의 이야기를 들어주기는 했지만, 그냥 열심히 들어주고, 맞장구 쳐주는 데에서 그쳤다. 시아버지 입장에서 보면 베트남에서 온 어린 며느리 하는 짓이 참 가당치도 않아서 기가 막힐 노릇이고, 베트남 며느리 입장에서 보면 아기까지 낳은 산모한테 해도 너무 하는 일이고. 도무지 결론이 안 나니 어떻게 개입할 수가 있었겠는가.

시아버지를 붙잡고 '아버님, 베트남 문화는 이러이러하니 아버님께서 이해를 좀 해주세요.'라고 하면, 시아버지는 아마 '아무리 베트남에서 왔어도 한번 시집을 왔으면 시댁 문화를 따라야지.'라고 하실 것이다. 베트남 며느리를 붙잡고 '한국에서는 어떤 상황에서든 부모님 말씀에 순종하는 것이 며느리가 가져야 할 태도예요.'라고 하면, 베트남 며느리는 아마 '베트남에서만 살다가 온 나에게 어떻게 하루아침에 한국 문화를 모두 이해하고 따르라는 것이냐? 더군다나 누가 나한테 한국 문화와 베트남 문화가 다르다는 것을 설명이라도 해 준 적이 있느냐?'고 하소연할 것이다.

그녀는 시아버지와는 사이가 좋지 않지만 남편과는 아주 금슬이 좋은 부부이다. 그녀는 아직도 남편을 '오빠'라고 불러서 베트남에서 온 다른 여성들에게도 흉을 잡힌다. 그런데도 그녀는 '오빠'라는 호칭을 포기하지 않는다. 그때는 갓난아기이던 딸이 세 살이 되어서 뛰어 다니는데도 말이다.

그녀가 남편을 고집스럽게 '오빠'라고 부르는 이유를 알 것도 같다. 언제나 자신의 편이 되어주고, 옆에서 살갑게 다독여주는 남편이, 그녀에게는 험난한 한국살이를 견디는 유일한 의지처이기 때문이 아닐까.

그녀의 환한 웃음

그녀를 처음 만난 것은 30도가 넘는 폭염이 사람 기운을 쪽 빼놓던 한여름의 어느 날이었다. 아직도 어두침침한 부엌 한 켠에서 나를 바라보며 웃던 그녀의 고르고 하얀 앞니가 눈에 선하다.

솔직히 말하자면, 나는 그녀의 집을 처음으로 찾아가던 바로 그날, 무슨 트집을 잡아서라도 기어이 학습자 교체를 요청하고 말리라 마음을 다잡고 있었다. 하필이면 30명이나 되는 하반기 학습자 중에서 가장 먼 곳에 사는 사람이 바로 그녀였다. 군청 담당자도 못내 미안해하고, 다른 방문교육도우미들도 거기까지 가려면 시간도 많이 걸리고 길도 험한데 수고가 많겠다고 위로해 주는 걸 들으면서, 어느 정도 각오하기는 했었다.

그녀의 집은 주소를 보고 짐작했던 것보다 훨씬 멀었다. 산허리를 타고 꼬불꼬불하게 휘감아 돌고 경사진 도로를 한참이나 달리고 나서도 가야할 길이 남아 있었다. 그동안 달린 도로는 그래도 번듯한 왕복 2차선이었는데, 이제부터 가야 할 길은 차 두 대가 마주치게 되면 난감할 만큼 좁은 도로였다. 더군다나 계곡은 피서객으로 가득 차 있었다. 조금 가다가 앞에서 오는 차와 비껴가기 위해 속도를 늦춰야 했고, 또 조금 가다가는 길 한쪽에 바짝 붙어 서서 다른 차가 지나가기를 기다려야 했다. 게다가 길은 왜 이렇게 또 먼지……. 미리 각오했던 것보다 훨씬 더 멀고 험한 길인 것을 보고는 시작도 하기 전에 벌써 망연자실해졌다. 여름에야 괜찮다지만 겨울이 되어 눈이라도 오면 어쩌랴 싶고, 밤늦게 공부를 하게 되면 또 이 어두운 산길을 어찌 오가랴 싶기도 했다. 급기야 '무슨 트집을 잡아서라도 학습자를 확 교체해 버려야지.' 하는 몹쓸 생각이 들었다.

그녀가 사는 집은 계곡에 들어차 있는 음식점들 중에서도 가장 깊은 곳에 있는 음식점이었다. 그녀의 집에 들어서니 여름 더위를 피하러 온 손님으로 분주했다. 조심스럽게 부엌으로 들어가서 '저기……' 하면서 사람을 찾는데, 어두컴컴한 부엌 한쪽 구석에서 환한 웃음이 먼저 날아왔다. 뜨거운 태양빛 아래 있다가 부엌으로 들어간 참이라 아직 사물이 분간이 되기도 전인데, 나를 향해 웃는 환한 미소를 보고 그녀가 바로 학습자라는 걸 직감할 수 있었다.

참 이상한 일이었다. 후텁지근한 산길을 달려오는 동안 내내 도사려 먹었던 마음이, 그녀의 미소를 보는 순간 스스륵 무장해제 되는 듯한 느낌이었다. 그녀는 어떻게 내가 자기를 찾아온 사람이라는 걸 알았을까 싶기도 하고, '내가 아니면 누가 여기까지 그녀를 보러 오겠는가.' 하는 생각도 들었다.

그녀의 집에 들어서니 여름 더위를 피하러 온 손님으로 분주했다. 그녀의 시어머니는 아무리 봐도 50대로 밖에는 안 보이는 젊은 아주머니였다. 며느리의 한국어 선생님이라고 인사를 드리니 시원시원하게 나무 그늘 아래에 있는 평상으로 나를 안내했다. 부엌 한 쪽에서 마늘을 까던 그녀도 시어머니를 따라 나왔다.

학습자에 대한 정보를 받아들면서 다른 부부들에 비해 남편의 나이나 부부의 나이 차가 적은 것을 보고 짐작했던 것처럼 역시 그녀의 남편은 정신지체장애자였다. 그녀의 시어머니는 당신의 아들이 시키는 일은 잘하는데 자기 스스로 무언가를 생각하고 결정하는 일은 잘 못한다고 하였다. 며느리는 한국에 온 지 서너 달밖에 안 됐지만 시어머니와 시아버지가 그동안 조금씩 가르쳤기 때문에 아주 간단한 한국말은 할 줄 안다고 하셨다. 시어머니와 내가 이야기를 나누는 동안 그녀는 시어머니 옆에서 귀를 기울여 가만히 듣다가, 나와 눈이 마주치면 또다시 환하게 웃었다.

나는 그녀의 웃음처럼 선량해 보이면서도 환한 웃음은 처음 보았다. 그녀의 웃음은 뭐랄까, 마치 아주 깊은 외로움을 이겨보려는 듯한 웃음이었다. 외로움을 이기기 위해 외로움의 크기보다 더 크게 웃는 듯한…….

그녀는 캄보디아에서 온 여성결혼이민자였다. 최근에는 캄보디아나 태국 등지에서 온 여성결혼이민자가 많아지고 있다. 초창기에는 연변족을 중심으로 한 중국 출신 여성결혼이민자가 단연 수가 많았다. 그러던 것이 베트남이나 필리핀과 같은 동남아시아 지역으로 주요 송출국이 이동하더니, 최근에는 캄보디아나 태국과 같은 국가들이 새롭게 주요 송출국이 되어가고 있다.

결혼중개업체를 매개로 한 대규모의 국제결혼이 진행된 지도 벌써 10년이 넘어가고 있다. 초기에는 전체 인구를 놓고 볼 때는 그리 많은 숫자도 아니고, 또 국제결혼을 한 가정에서 그 사실 자체를 쉬쉬 하는 분위기여서 외부에서는 그 가정에 어떤 일들이 벌어지는지 알 수가 없었다. 그렇지만 최근에는 국제결혼 건수가 많아지다 보니 여러 가지 문제점들도 발생하고 있다.

2009년 4월 통계청의 통계에 의하면 여성결혼이민자 10명 중 3명이 이혼을 하였다고 한다. 통계로 표현된 숫자가 그 정도이니 그 안에 있는 개개인의 삶을 들여다보면 얼마나 많은 일들이 벌어지고 있을지 미루어 짐작이 되는 일이다.

같은 나라 사람들끼리 결혼을 하여도 이러저러한 문제들이 발생하고 여러 가지 이유로 이혼을 하기도 하고 그런다. 국제결혼을 한 부부 사이에서 발생하는 문제들도 알고 보면 내국인들끼리 결혼한 부부들에게서 발생할 수 있는 문제들과 크게 다를 바가 없는 경우가 많다.

▸ 한국 적응을 위해 한국문화 체험 프로그램에 참여한 여성결혼이민자들

그런데도 국제결혼의 경우에 문제가 더욱 심각해지는 것은 대부분의 국제결혼이 결혼중개업체를 통한 매매혼의 성격을 가지고 있으며, 여성결혼이민자는 한국 사회로 이주함과 동시에 한국 사회의 소수자일 수밖에 없기 때문이라고 연구자들은 말한다. 국제결혼한 가정에서 발생하는 문제들은 이러한 맥락에서 불가피하게 발생할 수밖에 없으리라고 예견되는 일들이 대부분이다.

그러한 사례들 중에서 가장 좋지 않은 몇 가지 사례가 최근 베트남 사회에 알려지면서 베트남 내에서는 한국 기업에 대한 이미지도 나빠지는 바람에 한국 상품 매출까지도 뚝 떨어졌다고 한다. 이와 동시에 한국인과의 국제결혼에 해당 국가의 통제가 많아지면서 태국이나 캄보디아와 같은 국가들이 새로운 시장으로 형성된 것이다. 그녀는 국제결혼 시장이 바로 이러한 상황이던 2007년 봄에 한국에 들어왔다.

그녀의 시어머니는 8월 말부터나 공부를 시작했으면 좋겠다고 하였다. 계곡에 있는 음식점 장사라는 게 여름 한철 장사라서 그때까지는 옆집 애기 손이라도 빌려다 써야 할 만큼 바쁜데, 그런 참에 며느리의 야무진 손 하나를 놀릴 수가 없다는 것이었다.

학습자가 거의 한 달 동안이나 학습에 참여할 수가 없다면 충분히 학습자 교체를 요청할 수도 있었다. 그렇지만 나는 그녀의 환한 미소에 이끌려, 그리고 그녀의 시어머니의 간곡한 표정 때문에 그렇게 하겠노라고 대답을 하고 나왔다.

그녀와 한 달 정도 공부를 했을까 하던 어느 날이었다. 약속 시간에 맞춰서 그녀의 집에 갔더니, 그녀는 왼쪽 눈두덩이 시퍼렇게 멍든 채로 울면서 나를 맞이했다. 그녀를 보는 순간, 나는 가슴이 철렁했다. 가끔 여성결혼이민자에 대한 남편이나 시댁 식구들의 학대와 폭력에 대한 이야기를 전해들은 터라, 혹시 그녀에게도 그런 일이 벌어진 건가 싶어서 가슴이 철렁했다. 그녀의 남편은 그녀와 사이도 좋았고, 시아버지와 시어머니도 아주 좋은 분들이셨기 때문에 더욱 놀라웠다.

그녀의 시어머니가 공부하는 방에 따라 들어오시자 그녀는 방 한쪽 구석에 웅크리고 앉아서 계속 훌쩍였다. 시어머니 말씀을 들으니 그녀가 얼마 전부터 아빠가 아프시니까 캄보디아로 돈을 보내달라고 하기도 하고, 캄보디아에 가야겠으니 가게 해달라고 하기도 한다는 것이다.

자꾸만 캄보디아로 보내달라고 떼를 쓰길래, 겨울에 안 바빠지면 그때 한 번 다녀오자고 했는데, 그래도 자꾸만 막무가내로 떼를 쓴다는 것이다. 심지어는 식당에 온 손님들한테까지 돌아다니면서 캄보디아에 좀 데려다 달라고, 캄보디아에 가게 돈 좀 달라고, 서툰 한국어로 울며불며 사정을 하고 다닌다는 것이다. 그래서 그날 아침에는 손님들한테 그렇게 못 하게 하려고 2층 방에 있으라고 했더니, 창문을 열고 뛰어내리려고 하는 걸 그녀의 남편이 막는다는 것이 어떻게 눈을 치게 된 모양이라고 설명을 해주셨다.

그녀의 시어머니는 외국인 며느리를 들이는 일이 힘들다고는 들었지만 이렇게까지 힘들 줄은 정말 몰랐다고, 이렇게 먼 데까지 와서 사는 것이 고맙고 불쌍해서 내가 저를 딸처럼 귀하게 대하지 어쩌겠느냐고, 아들도 하나이니 나중에 우리 부부 죽으면 이 재산도 다 제 것이 될 터인데 왜 저렇게 마음도 몰라주고 그러는지 모르겠다고 답답해 하셨다. 선생님이 한번 얘기 좀 해봐 달라고, 도대체 문제가 뭔지 좀 물어봐 달라고, 그러고는 방을 나가셨다.

시어머니와 이야기를 나누는 동안 뭔가 믿을 수 없다는 눈빛으로 나를 힐끔힐끔 바라보던 그녀는, 시어머니가 방을 나가시자마자 나에게 매달리다시피 했다. 그녀는 남편이 자기 얼굴을 주먹으로 때렸다고, 아빠가 다리가 아프신데 캄보디아에 돈도 안 보내주고 자기도 못 가게 한다고, 무서워서 도저히 못 살겠다고 제발 캄보디아에 보내달라고, 손짓 발짓으로 사정을 했다. 나에게 매달리는 그녀의 눈동자는 공포로 가득 차 있었다.

짧은 기간 동안이었지만 그동안 겪어 본 걸로 봐서는 그녀의 시부모님들이 폭력을 행사하거나 그런 일로 거짓말을 할 만한 분들도 아니고, 그녀의 남편도 그랬을까 싶지도 않았다.

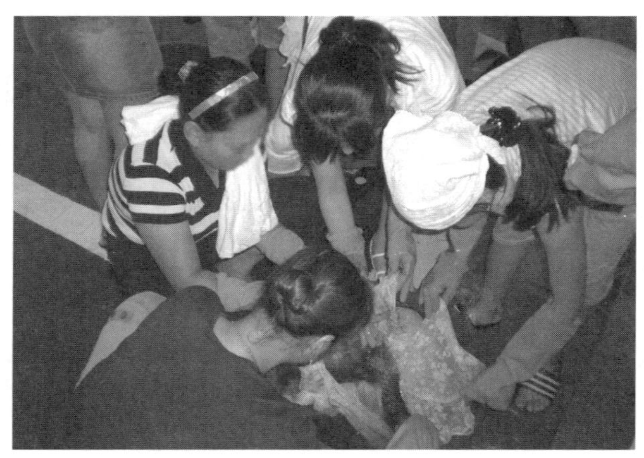

▸ 한국적응을 위해 한국문화 체험 프로그램에 참여한 여성결혼 이민자들

하지만 그녀가 그렇게 바들바들 떨면서 사정을 하는 데에는 그만한 이유가 있지 않을까 싶은 생각도 들었다. 정말로 뭔가 심각한 상황이 벌어진 거라면, 그녀를 도울 수 있는 사람은 사실 나밖에 없을 터였다.

나는 1366(여성긴급 상담전화)으로 전화를 했다. 내국인 여성들에게 가정폭력이나 성폭력에 대한 상담 및 지원을 하는 곳인데, 여성결혼이민자들에게는 상담자, 통역자, 여성결혼이민자 당사자의 3자 통화를 통해서 상담을 제공하고 필요할 경우 실질적인 도움을 주는 곳이다.

1366 상담원은 내 설명을 듣고 혹시라도 가정폭력이 있었을 경우에 이는 이혼 사유가 되고, 또한 이혼 이후에도 여성결혼이민자가 한국 내에 체류할 수 있는 권리가 주어진다고 설명했다. 그리고 캄보디아어 통역 자원봉사자와 연결을 해서 곧 연락을 하겠노라고 했다. 기다린 지 10분도 채 안 되어서 다시 전화가 왔다. 1366 상담원은 여성결혼이민자 당사자를 바꿔달라고 하였다.

그녀는 휴대전화를 내미는 나를 불안한 눈빛으로 바라보았다. 내가 "괜찮아요. 캄보디아 사람, 말해요."라고 하자 머뭇머뭇 휴대전화를 받아들었다. 전화기에서 캄보디아어가 들렸는지 그녀가 깜짝 놀라는 표정을 지었다. 아마도 캄보디아어로 말할 수 있다는 사실이 놀라웠던 것 같았다.

그러더니 내가 앉아 있는 곳의 반대쪽 구석으로 후다닥 옮겨 앉아서는 전화기에 대고 마구 울면서 이야기를 했다. 캄보디아어를 알지 못하니 정확한 내용은 모르겠지만, 아마도 조금 전에 나한테 했던 이야기를 되풀이하는 것 같았다. 그렇게 한참을 이야기한 후에 그녀는 나에게 휴대전화를 넘겨주었다. 상담원은 가정폭력이 있었던 것은 확실한 것 같고, 더군다나 남편이 정신지체장애자라면 문제는 아주 심각한 상황이기 때문에 더 알아보아야 할 것 같다고 하였다. 현재 그녀의 입장은 캄보디아로 보내 달라는 건데, 그점에 대해서 시부모님께 잘 전달해 달라고 하였다.

나는 그녀의 시어머니에게 모든 내용을 있는 그대로 전하였다. 그녀의 시어머니는 가족 중의 그 누구도 그녀를 때린 적이 결단코 없는데 이게 무슨 일인지 모르겠다고 하면서, 이혼 사유가 될 수도 있다는 말에 아주 심란해 하셨다.

그리고는 오후에는 며느리를 소개했던 결혼중개업체에서 한국어를 잘하는 캄보디아 사람을 데리고 온다고 하였으니 한 번 만나보면 뭔가 해결책이 생기지 않겠느냐고 하셨다. 나는 조금은 불안한 마음으로, 다른 한편으로는 설마 무슨 일이야 또 있으랴 하는 마음으로 그렇게 돌아왔다.

다음 학습일자가 되어 다시 그녀의 집을 방문했을 때 그녀는 또 다시 환한 미소로 나를 반겼다. 음료수 잔을 들고 뒤따라 들어온 시어머니께서 모든 정황을 설명해 주셨다. 얼마 전에 식당에 손님이 아주 많아서 정신없이 바쁘던 어느 날, 그녀가 손님상에서 남은 반찬을 가져다가 모조리 쓰레기통에 넣는 걸 보시고는 그 아까운 걸 어디다 죄다 버리는 거냐고 한 마디 했는데 그게 저를 아주 많이 혼낸 거라고 생각을 했다는 것이다.

그리고는 하루인가, 이틀 후에 결혼중개업체를 통해서 캄보디아에 계신 아버지가 아프다는 연락이 왔는데, 그녀는 이 기회에 아버지가 아프시다는 핑계를 대고 도무지 자기를 미워하기만 하는 시어머니에게서 벗어나기 위해 그렇게 떼를 썼다는 것이다.

알고 보니 문제는 아주 단순한 오해에서 비롯된 것이었다. 시어머니는 손님상에서 남은 다른 반찬은 버리고, 김치는 모아두었다가 식구들끼리 밥 먹을 때 찌개를 끓여 먹는데, 바쁘기도 하고 말이 안 통해서 찬찬히 설명할 수가 없었던 것이다.

► 엄마 나라의 문화에 대해 배우고 있는 아이들

그녀의 입장에서는 이 낯선 한국 땅에서 오로지 시부모님과 남편만 믿고 살아가는데, 시어머니가 버럭 소리를 지를 만큼 저렇게 나를 미워하시는데 어떻게 여기서 살 수 있을까 하는 생각이 들었다는 것이다. 시어머니는 그냥 바빠서 말소리가 크게 나온 것뿐인데 그걸 그렇게까지 서운하게 생각할 줄은 몰랐다고 하셨다. 그 일이 있고 난 후 그녀의 시부모님과 그녀는 더욱 더 친밀해진 것 같았다.

한국어 교육자로서의 나에게 그녀는, 외국인에게 한국어를 교육한 지 10년이 넘는 동안 내가 만난 학생 중에서 최악이었다. 나는 그녀에게 5개월 동안 한국어를 가르쳤지만, 그녀는 끝내 '가갸거겨'를 쓰는 것은 물론이고 읽는 것도 깨치지 못하고 말았다.

그도 그럴 것이 그녀에게는 학습에 대한 경험이 거의 없었다. 그녀의 말을 들어보면 캄보디아에서 초등학교를 졸업했는데. 초등학교 때마저도 날이면 날마다 집 앞에 있는 강에서 헤엄치고 나무마다 올라 다니면서 열매를 따먹느라 공부를 멀리했다고 한다. 오죽하면 언니가 공부 좀 하라고 만날 때렸다고 하니, 그녀가 얼마나 천방지축으로 뛰어 다녔을지 안 봐도 짐작이 되는 일이다.

그녀는 공부를 해 본 경험도 거의 없는데다가 공부에 취미도 없고 더군다나 외국어를 공부해 본 경험은 아예 없는 형편이니, 일주일에 두세 번씩 혹은 한두 번씩 만나서 한 시간 공부를 한다고 얼마나 한국어를 잘하게 되겠느냐 말이다. 하지만 아무리 그렇다 하더라도 5개월 동안 자기 이름조차도 제대로 쓰지 못하고 말았으니, 이건 아무래도 교사의 잘못인 것 같기도 하다.

학습 기간의 막바지에는 하도 답답해서 냉장고나 자석 칠판에 붙이는 한글 자음과 모음을 가지고 갔다. 교재를 가지고 단어 읽기를 하고 난 뒤 빨강, 파랑, 노랑 자음과 모음을 가지고 글자 조합하기 게임을 했더니 의외로 단어를 잘 만들어냈다. 그녀에게 한국어를 가르치면서, 여성결혼이민자 대상 한국어 교육은 학습자의 모국에서의 학력 정도나 학습에 대한 학습자의 관심 등을 고려해서 교수법을 선택해야 한다는 것을 다시 한 번 절감했다.

그녀는 공부를 하는 것보다는 감 따러 다니는 일을 아주 좋아했다. 그녀의 시부모님은 여름에는 음식점을 하고, 가을과 겨울에는 곶감을 깎아서 파는 일을 하고 있었다. 그러다보니 늦가을에는 거의 매일 감을 따러 다녔다. 하루는 공부를 하기로 한 날이어서 갔더니 그녀가 시부모님과 함께 감을 따러 나가려는 참이었다. 그녀는 마치 소풍 가는 어린아이처럼 들뜬 표정이었다. 그녀의 시아버지께서 감 따러 가자고만 하면 저렇게 좋아한다고, 아무래도 오늘은 공부를 못 하겠는데 미안해서 어쩌느냐고 하셨다. 나는 그녀를 놀리느라고 짐짓 물어봤다. "감이 좋아요, 남편이 좋아요?" 그녀는 어린아이처럼 웃으면서 "둘 다 좋아요."라고 대답했다. 식구들이 모두 한바탕 기분 좋게 웃고는 그녀는 시아버지 트럭을 타고 감을 따러 갔다.

가끔은 어눌한 한국어 발음으로 "둘 다 좋아요."라고 대답하며 환하게 웃던 그녀의 미소가 문득 떠올라, 나도 모르게 미소를 짓게 된다. 가끔은 내가 선물로 주고 온 빨강, 파랑, 노랑 자음과 모음으로 남편과 함께 글자 만들기 놀이를 하고 있는 상상을 하기도 한다. 모쪼록 잘 적응하고 잘 생활해서 시부모님의 재산을 물려받아 남편과 아이들과 함께 죽을 때까지 이 땅에서 잘 살기를 기대해 본다.

정착의 조건

한국 땅에서 여자로 살아가는 데는 뭐가 가장 필요할까. 그녀들이 사는 모습을 보고 있노라면 이런 생각을 하게 된다. 어떤 사람들은 그녀들이 돈 때문에 한국 땅에 왔고, 오로지 그 욕망을 충족시키기 위해 한국에서의 생활을 이어간다고 생각한다. 물론 그런 사람들도 있다. 하지만, 모든 사람들이 그러한 것처럼 그녀들이 살아가는 데 한 가지의 이유만 있는 것은 아니다.

필리핀에서 온 그녀는 커다란 눈이 아주 예쁘다. 그녀는 내가 한국어 방문교육도우미로 활동하던 때에 상반기 학습자로 배정되었다. 그녀는 얼굴도 예쁜데다가 한국말도 곧잘 하고 일도 잘해서 동네 할머니들의 칭찬이 자자했다. 그런 그녀가 공부를 시작한 지 두 달이 좀 넘었을 때 갑자기 가출을 했다.

어느 금요일 밤에 공부를 끝내고는, 그녀가 눈도 제대로 마주치지 못하면서 어렵게 어렵게 말을 꺼냈다. 어린이날이 얼마 남지 않았던 때였던 것 같다.

"선생님, 저 돈 좀 빌려 주세요."

"돈요? 왜요? 무슨 일 있어요?"

"애들 데리고 동물원 갈라고 하는데, 돈이 없어요."

"왜요? 남편이 돈을 안 줘요?"

"아니, 그냥, 저어…… 은행에 못 가서 돈이 없어요."

오른손 검지손가락으로 자꾸만 바지를 문지르면서 머뭇머뭇 말하는 모양이 뭔가 수상쩍어서 나는 돈이 없다고 딱 잘라서 거절을 했다. 괜히 돈을 빌려 주었다가 좋지 않은 일에 휘말리게 될지도 모른다는 막연한 예감도 있었다.

아니나 다를까, 그 다음 주에 온 동네에 그녀가 가출했다는 소문이 파다하게 퍼져서는 내 귀에까지도 들려 왔다. 다음 학습 날짜가 되어서 그녀의 집에 전화를 했다. 아무것도 모르는 척하고 그녀를 바꿔달라고 했더니, 그녀의 남편은 애들 엄마가 어디를 좀 가서 공부를 할 수가 없다고만 하였다.

그리고는 며칠 뒤 다른 학습자 수업이 있어서 그 마을에 갔다가 동네 할머니들한테서 그녀에 대한 소식을 전해들을 수 있었다.

"응, 며칠 전에 잠깐 들어 왔드라고? 아주 그냥 머리도 싹 풀르고, 이쁜 티사쓰랑 사 입고는 아주 처녀 같어. 거기가 원체 좀 이뿌잖어. 근디 그냥 또 나가부렀어."

"왜 다시 나갔대요?"

"아, 신랑이 안 붙잡았디야. 신랑이 나갈라면 또 나가보라고, 그라고 소리를 지릉게 그냥 그질로 나가버렀어. 근디 어디 전화번호는 또 적어놓고 나갔다대? 아, 가출하는 여편네가 전화번호는 멋허러 적어놓고 갔나 몰러?"

동네 할머니들 말씀으로는 그녀가 남편이 붙잡지를 않아서 다시 나가기는 했지만, 진짜로 가출하려는 게 아니라 아무래도 남편 버르장머리를 한번 고쳐 보려고 그런 일을 벌인 것이 아니겠느냐는 것이었다.

그 뒤에 일이야 어찌 된 건지는 자세히 모르지만 어쨌든 그녀는 얼마 되지 않아서 다시 돌아왔고, 한국어 학습에도 다시 참여하였다. 그녀는 집을 나가 있는 동안에 아는 동생이 소개해 줘서 가방 공장에 다녔다고 한다. 가방 공장에서 일당 3만원을 받고 일을 했는데, 그 돈으로 그녀는 자기 옷도 사 입고, 샌들도 한 켤레 사 신고, 아이들 옷가지랑 신발 등을 사들고 다시 집으로 돌아왔노라고 했다.

그녀의 남편은 동네에서 소문난 짠돌이였다. 그녀의 남편은, 감기에 걸린 아이 둘을 데리고 병원에 간다고 돈을 달라고 했더니, 만 원짜리 한 장을 주면서 거스름돈 가져오라고 할 정도라고 했다.

남의 부부 사이에서 있었던 일이야 자세히 알 수 없지만, 아마도 그녀는 짠돌이인 데다가 술만 마시면 술주정을 부리는 남편 때문에 스트레스를 엄청나게 받았던 것 같았고, 그 버릇을 한번 고쳐보려고 했는데, 뜻대로 잘 되지 않은 것 같았다.

한 번은 그녀에게 물어보았다.

"왜 다시 돌아왔어요?"

"그냥, 뭐……."

"남편 안 미워요?"

"왜 안 미워? 미워요."

"그런데 왜 같이 살아요?"

"사랑하니까."

그녀는 아주 간단하고 단호하게 대답했다. 그 뒤에도 몇 번이나 그녀를 놀리듯이 물어봐도 그녀의 대답은 늘 한결같았다. '사랑하니까'

라고 대답할 때 그녀의 표정은, 남편을 사랑하니까 같이 사는 거지, 그 외에 또 무슨 이유가 있겠느냐는, 지극히 당연한 것을 왜 자꾸 묻느냐는 그런 표정이었다.

그녀는 작년에는 셋째 아이를 임신한 몸으로 전주에 있는 모 단체에서 시행한 '다문화강사양성과정'에까지 열심히 다녔다. 일하는 것도 열심이고 배우는 것도 열심이고 살림도 열심인 그녀의 삶에서, 몇 년 전의 연이은 가출은 그저 한때의 소동으로 지나간 것 같다. 그녀는 이제 세 아이의 엄마가 되어 남편과 함께 여전히 그 마을에서 잘 살고 있다.

베트남에서 온 그녀는 베트남 이름보다는 한국식 이름으로 불리기를 좋아한다. 그녀는 남편이 시아버지를 도와 농사를 같이 짓는데도 남편한테는 돈 한 푼 안 주는 시아버지도, 친정으로 돈을 보내주고 싶다고 해도 돈 한 푼 못 만들어주는 남편도 야속하게 생각돼서 불만이 많은 사람이었다.

▸ 함께 만들어 먹은 한국식 월남쌈

그런가 하면 김장철이면 시아주버니네며 시누이들까지 모두 몰려 와서 김치를 몽땅 담아서 싹 다 나눠 가지고는 돈 한 푼 안 주는 거며, 시아버지가 철철이 감자니 고구마니 고추니 등등을 좋은 것들만 고르고 골라서 객지에 나가 있는 자식들한테 모두 부쳐 주는 통에 남은 찌꺼기만 먹어야 한다며 자기 신세를 서러워했다.

그녀의 남편은 본래는 꽤 똑똑한 사람이었는데 언젠가 교통사고를 당해서 움직이는 것도 좀 둔해지고, 생각하는 것도 둔해졌다고 한다. 그녀의 남편은 옆에서 보기에도 그지없이 착하고 순하고 다정한 사람이다.

그녀는 좁은 집에서 시아버지와 함께 사는데도 불구하고 거의 항상 베트남 친정 식구들이 와 있었다. 언제는 여동생이 와 있는가 하면, 언제는 남동생이 와 있고, 그런가 하면 언제는 친정아버지와 친정어머니가 함께 와 있기도 했다.

그녀의 친정 식구들은 한국에 있는 동안에 일을 다닌다. 아마도 일당 얼마씩 받는 일자리들일 테지만, 베트남에서의 벌이에 비하면 훨씬 수입이 많을 터였다. 한국의 천 원이 베트남에서는 만 원이 넘는다니, 그녀의 여동생이 마늘 공장에서 일을 하고 받는 일당 삼만 원을 베트남 돈으로 치면 삼십 만 원이 넘는 돈이다.

어떤 친구가 한국에서 유학을 하고 돌아간 베트남 학생한테 초청을 받아서 베트남에 여행을 갔다가, 호텔에서 그 유학생한테 저녁을 대접받았는데 그때 식사비가 한국 돈으로 9만 원 정도 나왔다고 한다. 그 유학생이 하는 말이, 그 돈이면 베트남 노동자들의 한 달 임금과 맞먹는다고 하였다니, 그녀의 친정 식구들이 끊임없이 한국에 와서 막노동이라도 하는 것은 어쩌면 그들의 입장에서는 당연한 일일 것이다.

그녀를 보고 있노라면 동네 할머니들이 혀를 끌끌 차면서 하는 이야기들이 자꾸 떠오른다. 이제 몇년만 지나면 그녀의 남편은 환갑이 넘는 노인이 될 터인데, 그때 그녀의 나이는 한창 물오른 삼십 대가 될 것이다. 남편이 재산이 많은 것도 아니고, 거기다가 늙어 버리기까지 하면 젊디젊은 그녀가 그녀의 남편 곁에 머물러 있겠냐는 걱정이다.

그러든 어쨌든 그녀와 그녀의 남편은 한창 꿈을 키워가고 있다. 그들 부부는 지금 여기에서 열심히 벌어서 돈이 조금 모이면 베트남에 함께 가고 싶어 한다. 한국에서의 삶은 가난하고 지긋지긋했는데, 그 삶은 자식들한테까지 물려주고 싶지 않으니, 차라리 있는 돈을 모두 끌어 모아 베트남에 가서 식당이라도 하고 싶다는 것이다. 한국 돈은 한국에 있을 때보다 베트남에 가면 훨씬 더 가치가 있다 하니, 불가능한 꿈인 것도 아니지 않느냐는 것이다.

그들 부부는 얼마 전에 분가를 해서 자신들만의 살림을 일구어가고 있다. 아이는 어린이집에 맡겨 두고 엄마는 일당 벌이를 하러 다니고, 아빠는 면에서 마련해 준 일을 하면서 다른 한편으로는 농사를 짓느라고 바쁜 나날들을 보낸다. 그녀의 남편을 보면 여기에서 농사나 짓던 사람이 베트남에 가서 어떻게 식당을 할 수 있을까 걱정이 되기도 하지만, 그녀의 친정 식구들이 또 그녀만큼이나 다부지니까 어찌 되겠지 싶기도 하다.

베트남에서 온 그녀는 뭐든지 열심히 배우러 다닌다. 그녀는 꽤 생활이 안정되어 있어서 경제적인 면이나 가족 관계에 대한 고민은 거의 없는, 말하자면 운이 꽤 좋은 여성이다.

그녀는 한국어도 열심히 배우고, 완주군에서 여성결혼이민자 대상으로 시행한 직업 교육 프로그램을 통해서 미용 일도 열심히 배웠다. 미용 수업을 받느라고 한국어 수업에 참여하지 못하는 것을 못내 안타까워 할 만큼 열심이다.

그녀는 한국어 실력이 상당하다. 그래서 작년 가을에 전주대 한국어문화원에서 실시한 '지역민 대상 다문화이해 교육'에서 '베트남문화에 대한 이해' 시간에 보조강사로 활동하기로 했다. 내가 주 강사였던 수업에 그녀가 보조강사로 들어왔었는데, 그녀는 그때 초등학교 아이들에게 베트남 노래를 가르쳐 주었다.

► 한국국적 취득을 신청하고 있는 부부

그녀가 아이들에게 가르쳐 준 노래는 우리말로 하면 '동서남북'이라는 제목의 베트남 동요였다. 베트남은 지역이 넓어서 대부분 여러 지역에서 온 학생들이 함께 공부를 하게 된다고 하였다. '동서남북'은 출신 지역은 서로 다르지만 사이좋게 잘 지내자는 내용을 담고 있는 동요라고 하였다. 그녀의 선창에 따라 아이들은 낯선 베트남 발음을 재미있어 하며 곧잘 따라 불렀고, 그녀는 아이들 노랫소리가 베트남 아이들의 노랫소리와 너무 비슷하다며 즐거워하였다.

다문화 수업이 끝나고 그녀를 집에까지 태워다 주면서 이런저런 이야기를 나누었다. 그녀는 한국어를 계속해서 배우고 싶은데, 완주군에서는 작년에 한 번 한국어 수업을 받았기 때문에 더 이상 무료 서비스는 받을 수 없다고 하였다.

그래서 그녀는 여기저기 수소문을 해서 문해력이 없는 한국인들에게 한국어를 가르치는 학원을 찾아내서는, 그 학원에 다니고 있다고 했다. 다행히도 그녀는 학원비 걱정을 안 해도 될 만큼 경제적인 여유도 있고, 그녀의 남편은 날마다 봉동에서 전주까지 학원을 다니는 그녀를 충분히 이해하고 지원해 준다고 하였다.

학원에는 거의 대부분 할머니들만 있어서, 처음에는 그 할머니들이 '왜 젊은 사람이 글자를 모르느냐'고 의아해 하였다고 한다. 그렇지만 그녀가 베트남에서 온 사람인 줄 알고는 그렇게까지 열심히 한국어를 배우려고 하는 그녀를 대견해 하신다고 하였다.

나는 그녀에게 왜 그렇게 한국어를 자기 돈까지 들여서 열심히 배우느냐고 물었다.

"저는 나중에 한국에서 한국 아이들한테 베트남 말 가르치는 일 하고 싶어요. 한국 아이들, 우리 애기처럼 엄마가 베트남 사람인데 베트남 말 모르는 한국 아이들이랑, 베트남 말 알고 싶어 하는 한국 아이들한테 베트남 말이랑 베트남 문화 가르치고 싶어요."

"우리 애기, 베트남 말, 베트남 문화 몰라요. 우리 엄마, 우리 애기 외할머니 만나도 말 못해요. 나, 우리 애기 엄마, 베트남 사람. 그런데 우리 애기, 베트남 말 몰라요. 그래서 우리 애기한테 베트남 말 가르치고 싶어요."

그녀는 자기 아이가 아빠는 한국 사람이지만 엄마는 베트남 출신인데도 베트남 말이나 문화를 전혀 모르고 자라고 있다면서 무척 안타까워했다. 가족 중에서 자기 혼자만 베트남 출신이어서 그것 때문에 가끔 외롭다고 하였다.

그녀는 한국에서 잘 살고 싶어 했다. 그녀는 자기 아이와 함께 자유롭게 소통하면서 행복하게 살고 싶어 했다. 자기 아이들은 물론이고 자기 아이처럼 엄마가 베트남 출신인 아이들 모두가 한국 문화와 베트남 문화 모두를 잘 알면서 자랄 수 있는 환경이 되었으면 좋겠다고 하였다.

너무도 당연한 이야기이지만, 사람은 누구나 잘 살고자 하는 소망을 가지고 있다. 내가 만나 온 여성결혼이민자들 역시 미래에는 지금보다 더 행복한 삶을 살고 싶어 했다. 어떤 여성은 행복한 삶을 위해 남편의 사랑을 원했고, 어떤 여성은 지금보다 많은 돈을 원했으며, 어떤 여성은 자신과 자신의 아이가 진정한 한국 사회의 일원으로 받아들여지기를 원했다.

지금 우리가 살아가고 있는 사회는 어떤가 한번 생각해 볼 일이다. 우리는 여성결혼이민자에 대해서 어떤 시선을 가지고 있는지, 혹시라도 일방적인 시선이나 선입견에 사로잡혀서 그들을 바라보고 있는 것은 아닌지 한번쯤 돌아보아야 할 일이다.

중국여자가 학부모 회장이라고?

미국에서 최초의 흑인 대통령이 당선되었다는 소식을 들었을 때, 그 정치적 이면은 제쳐두고 우선은 기쁨이 먼저 느껴졌어야 옳을 것이다.

백인이 주류인 미국 사회에서 오랫동안 차별받는 소수자 집단이었던 흑인 속에서 대통령이 나왔으니, 어찌 되었든 이는 긍정적인 변화의 결과가 아니겠는가 말이다. 그런데 그 소식을 듣는 순간 웬일인지 그리 기쁘지만은 않은 기분이 들었다. 사람들은 이렇게 이야기를 하는 나를 좀 비정상적인 사고를 가진 사람으로 치부할 지도 모르겠다. 하기는, 나 역시도 스스로의 감정 상태에 대해 좀 의아했으니 말이다.

내가 살고 있는 곳은 농촌 지역이다. 농촌 지역 여성결혼이민자들에게 한국어와 한국문화도 가르치고, 아이들에게는 다문화 강의도 하고, 그러면서 이웃사촌이 되어 가는 중이다. 애초에 나는 민족의 순수한 혈통이나 지독한 가족주의 등에 대해서는 반감이 더 많은 사람이다. 민족이 상상의 공동체에 불과하다는 베네딕트 앤더슨의 주장에 온전히 동의하는 것은 아니지만, 순혈주의나 가족주의가 우리 사회를 건강하게 만들기 보다는 오히려 그와 반대로 개인의 삶을 옥죄는 족쇄로 작용해 온 측면이 더 강하다는 것이 내 판단이다. 하지만 막상 외국에서 온 여성 결혼이민자들이 순수한(?) 한국인들보다 더 많은 것처럼 느껴지는 속에서 살다보니, 그것은 또 내 이성적인 판단과는 다른 느낌들을 갖게 한다.

▸ 국적 취득에 대한 설명을 열심히 듣는 여성결혼이민자들

법무부의 통계를 보면 도시에 사는 여성결혼이민자가 농촌에 사는 여성결혼이민자보다 절대적으로 많다. 2009년 6월 30일 현재 총 110,832명의 여성결혼이민자 중에서 절반에 가까운 51,397명이 서울과 경기 지역에 거주하고 있다.

전라북도에는 5,060명의 여성 결혼이민자가 들어와 있으며, 그중 1,010명이 전주에 거주한다. 거기에 군산(622명)과 익산(906명)을 합치면 절반이 넘는 2,538명이 전라북도의 주요 3도시에 살고 있는 것이다. 그런데도 농촌에 사는 여성결혼이민자는 유독 눈에 도드라진다.

이것이 도시의 익명성이라든가 젊은 사람들이 도시에 집중되어 거주한다든가 하는 이유 때문인지, 아니면 살다보면 어느새 우리 집 숟가락이 몇 개인지를 나보다도 옆집 아주머니가 더 잘 알게 되는 시골 분위기 때문인지는 모르겠다.

농촌으로 이사를 와서 보니 뒷집에 사는 애기 엄마도 베트남에서 왔고, 우리 막내랑 같은 반 아이의 엄마도 베트남에서 왔다. 또 첫째 아이와 같은 반에서 공부하는 아이의 엄마는 중국에서 왔고, 동네 마트에 가면 필리핀에서 온 새댁이 '선생님'하면서 반갑게 인사를 한다.

농촌에서는 한국에서 태어나 한국에서 자란 '젊은' 여성들보다는 외국에서 태어나 한국 남자와 결혼하여 한국으로 온 '젊은 외국' 여성들을 더 많이 마주치게 된다.

작년 늦가을인지 초겨울인지쯤이었다. 아이들을 맡겨 둔 어린이집에서 학부모 간담회라고 다녀가라는 안내장을 보내왔다. 다른 일을 보고 가느라 정해진 시간보다 좀 늦게 갔더니 두어 번 얼굴을 본 적이 있는 학부모 한 명이 반색을 하며 반겼다. 왜 그러는가 했더니 거기 모여 앉아 있는 엄마 중에서 그 엄마 혼자만 한국 사람이었고, 나머지는 모두 베트남에서 온 엄마들이었던 것이다.

선생님은 선생님대로 말이 제대로 통하지 않는 베트남 엄마들과 아이들에 대해 상담하느라고 진땀을 빼고 있었고, 그 엄마는 모두가 베트남에서 온 엄마들인 속에서 혼자만 한국 사람인 것이 사뭇 이물스러워서 안절부절 어색하게 앉아 있는 참이었다. 말도 안 통하는 베트남 엄마들 속에 끼어 있다가 그래도 안면이 있고 말이 통하는 사람이 들어서니 깜짝 반가울 밖에.

잠시 원장 선생님이 들어오기를 기다리는 동안 베트남에서 온 엄마들이 자기들끼리 베트남말로 이야기를 주고받을 때, 문득 머릿속이 허예지는 기분이 들었다. 나는 한국 사람이고, 여기는 한국 땅인데, 지금 나는 베트남 사람들이 주고받는 베트남 말을 한 마디도 알아듣지 못한 채로 어정쩡하게 서 있을 때 그 기분이란……. 정작 언어의 섬 속에 있어야 할 사람들은 자기들끼리 뭐라는지 열심히 수다를 떠는데, 나 혼자서 섬 속의 섬에 갇혀 있는 기분이 들었다. 하필 그때의 그 묘한 소외감이 오바마가 대통령이 되었다는 소식을 듣는 순간 머릿속으로 휙 지나갔던 것이다.

어린이집 학부모 간담회에서 또 하나 놀랐던 것은, 다문화가정 자녀의 비율이었다. 6~7세 반 아이들만 해도 다문화가정 자녀들이 30%가 안 넘는 것 같았는데, 4~5세 반은 다문화가정 자녀들이 절대 다수였다. 그도 그럴 것이 농촌에는 젊은 사람들이 많이 살지 않는다. 조손 가정이나 한 부모 가정이 많은 편이고, 전반적으로 연령층이 높은 편이다.

► 저연령일수록 다문화가정 자녀의 비율이 높다

그러다 보니 노인들을 제외하고 가임 연령층에 있는 젊은 부부들을 보면 다문화가정의 비율이 절대적으로 높다. 게다가 새롭게 농촌으로 이주해 오는 젊은 사람은 거의 없는 형편이다. 직장이 농촌 지역에 있어도 가까운 도시에 집을 두고 자가용으로 출퇴근을 하는 사람들이 더 많은 실정이니, 직장도 없고 연고도 없는 농촌에 일부러 살고자 들어오는 사람이 있을 리 만무하다. 그래서인지 주위를 설핏 둘러보면 나이 어린 아이나 갓난아기를 둔 집은 다문화가정인 경우가 많다.

우리 동네에 살고 있는 여성결혼이민자들을 생각하면 떠오르는 장면이 또 하나 있다. 우리 동네 근처에는 농촌 지역에 흔히 있는 농촌형 공장이 몇 개 있다. 마늘이나 양파를 까서 포장하거나, 애호박에 비닐을 씌워서 납품하는 종류의 공장 말이다.

인근에 거주하는 베트남 여성들 대여섯 명이 양파 공장에 같이 다닌다. 그들은 나이도 대부분 20대 초반으로 엇비슷하고, 아이들의 나이도 대여섯 살로 고만고만하며, 남편들의 나이도 40대 후반에서 50대 초반까지 비슷비슷한데다가, 사는 형편도 거기서 거기인 사람들이다.

점심시간 때쯤 되면 오토바이 두 대나 세 대에 대여섯 명이 나눠 타고 요란한 오토바이 소리를 내며 어디론가 사라졌다가, 점심시간이 끝날 때쯤이면 다시 오토바이를 타고 공장을 향해 가는 모습을 자주 목격하게 된다. 가끔씩 우리 뒷집인 '베트나무집'(동네 할머니들은 베트남에서 온 여성결혼이민자가 있는 그 집을 이렇게 부른다.)으로 우르르 몰려왔다 다시 우르르 몰려가는 걸 보면, 그때그때 형편이 되는 집으로 가서 같이 점심을 해먹고 공장으로 돌아가는 모양이었다.

아직도 '여자와 바가지는 밖으로 내돌리면 깨진다.'는 류의 속담들이 뿌리 깊이 박혀 있는 동네 노인들의 눈에는, 한적한 시골길에서 젊은 여자들이 오토바이 소리까지 요란하게 내가며 동네 시끄럽게 돌아다니는 꼴이 불안스러워 보일 것은 당연한 일이다. 그녀들이 사라져서 안 보일 때까지 바라보던 동네 할머니들은 끝내 혀를 끌끌거린다.

"어이그, 저것들이 여기 얼마나 살려나 몰러?"

"낭중에 즈그들 나라로 돌아가지 않겄어? 새파라니 젊은 것들이 뭣 허러 여그 시골 구석으서 살겄어?"

"아이고, 서방이나 안 띠어버리고 같이 가면 다행이제."

"서방? 아나, 새끼나 챙겨 가면 다행이다."

자기들만의 언어로 무슨 이야기인지를 주고받으며 깔깔거리면서 시골길 흙바람을 가르는 그녀들을 보면, 동네 할머니들의 혀 차는 소리가 예사롭지 않게 들리는 것도 사실이다.

우리 동네에 살고 있는 '베트나무집'만 봐도 동네 할머니들의 걱정은 그저 기우에 그치지 않을지도 모른다는 불안감이 들기도 한다. 나이가 50이 넘은 베트나무집 아저씨는 더없이 순하고 착하기는 하지만 경제적인 능력은 별로 없어 보인다. 남의 집 경제 사정을 속속들이 알 리야 없는 것이고, 알 필요도 없는 것이겠지만, 어쨌든 면에서 한 달에 한 번씩 아기에게 먹일 우유 등속을 챙겨들고 방문하는 걸 보면, 그리 넉넉지 않은 형편임은 미루어 짐작이 되는 일이다. 그런데다가 아이 하나는 얼마 전까지만 해도 자박자박하던 걸음이 이제야 단단해졌고, 둘째 아이는 백일이 갓 지난 떡애기이다.

'베트나무집 각시'가 어린 아기까지 놔두고 돈을 번다는 이유로 오늘은 서울로, 내일은 또 다른 도시로 떠도는 것을 보면, 동네 할머니들의 걱정이 당장 현실이 될까 봐 걱정되기도 한다. 더군다나 아저씨는 착하고 순해서 이제 서른 살도 채 안 된 당찬 아내에게 모진 소리 한

마디 못하는 눈치이다. 그러니 동네 할머니들 말씀대로, '베트나무집 각시'가 여자 나이 한창 때인 30대 후반이나 40대 초반쯤 되어서 벌써 환갑이 넘어버린 남편을 떼어버리고, 혹은 아이까지 떼어버리고 어디론가 사라져버리지 않으리라고 누가 장담할 수 있겠는가 말이다.

미국에서의 흑인 대통령의 탄생에 겹쳐지는 가장 충격적인 사건이 또 하나 있다. 그것은 우리 아이가 다니는 초등학교에서 중국 출신 여성결혼이민자가 학부모회장이 되었고 학교운영위원으로 활동한다는 소식이었다.

► 여성결혼이민자와 외국인 유학생들이 함께 한국요리를 배우는 중

아이가 몇 날 몇 시까지 학교에 와야 된다고 신신당부하면서 손에 쥐어 주던 종이가 바로 학교운영위원 및 학부모회장을 선출한다는 소식이었던 모양이었다. 도무지 그런 쪽으로는 관심도 없고 관심 둘 틈도 없어서, 중국에서 왔다던 3학년 아이네 엄마가 학부모회장에 선출되었다는 소식만 없었어도 그냥 무심하게 지나갈 뻔하였다.

그 엄마는 조선족 출신인데 한국말도 아주 능통하고 한국에서 생활하는 데에서 전혀 어색함을 느낄 수가 없을 만큼 잘 적응하고 있는 사람이었다. 한국에 온 지 벌써 10년 가까이 되니 당연히 그럴 것이다. 그 엄마는 집안 살림도 아주 알뜰하게 열심히 하고, 남편을 도와서 가정 경제를 일구는 데에도 공이 크고, 교회에도 열심히 다니면서 지역 사회를 위해 여러 가지 봉사 활동을 하는 데에 몸 사리지 않고 찾아다닌다고, 근동에서 칭찬이 자자한 사람이었다. 나 역시 그 엄마에 대해 좋은 인상을 가지고 있었다. 그런데 그 엄마가 학부모 '회장'이고 학교 '운영위원'이라는 데에는 가슴 속 저 어디에선가 헉, 하는 소리가 들려왔다.

바로 그 순간, "그러니까, 혹시라도 내가 학부모 회의에 참석하게 되면 '중국'에서 온 그 엄마가 주재하는 바로 그 회의에 참석하게 되는 거란 말이야?" 하는 생각이 들었다. 연이어서 "그러니까, 한국에서 산 지 10년도 채 안 된 그 엄마가, 한국에서 40년이 넘게 살아온 나한테 이래라 저래라 하면, 거기에 따라야 한단 말이지?" 하는 생각도 들었다. 그러면서 그와 동시에 도시에서 살고 있는 어떤 선배가 학교 급식 시간에 학교에 갔더니, 필리핀에서 온 어떤 엄마가 서툰 한국말로 국을 이렇게 푸라거니 저렇게 푸라거니 하는데, 그것 참 기분이 묘하더라는 말이 떠올랐다.

맹세코 다시 한 번 말하건대, 나는 순수한 민족의 혈통을 고집하는 사람도 아니고, 우리 사회의 소수자들에 대해 차별적인 시선을 가진 사람도 아니다. 나 역시 한국 사회의 소수자로 살아가는 주제인데, 소수자끼리 연대는 못할망정 그들을 우리 사회에서 배제하는 작태를 보이다니, 이는 나 자신에게는 물론이고 타인에게도 용납할 수 없는 일이다. 또한 한국 사회는 여성결혼이민자들, 특히 농촌 여성결혼이민자들에게는 우리 사회의 문제를 전가시킴으로써 그들에게 톡톡히 빚지고 있으니, 이에 대한 책임을 우리 사회 전체가 공동으로 지고 가야 한다고 생각한다. 그럼에도 불구하고 나의 이 원초적인 기분은 무엇인가.

한국은 이민 정책을 채택한 나라가 아님에도 불구하고 끊임없이 이주민의 숫자가 증가하고 있다. 연수취업이나 방문취업 등의 단순 기능 인력으로 구성된 이주노동자가 대부분이고, 나머지는 교수, 영어 교사, 연구원, 연예산업 종사자 등이 차지하고 있다. 한국 사회로의 이주에서 특기할 만한 현상은 이미 잘 알려져 있다시피 결혼 이주, 그것도 여성들의 결혼 이주가 최근 몇 년 사이에 급속도로 증가 일로에 있다는 것이다.

적어도 공식적으로는, 일정 기간 동안 한국 사회에 거주하다가 돌아가는 이주노동자들과는 달리, 여성 결혼이민자들은 한국 남자와 결혼하여 아이도 낳고 이 땅에서 가정을 이루고 오순도순 살아갈 작정으로 이주해 온 사람들이다. 이들의 존재는 한국 사회가 다문화주의를 채택해야만 하는 가장 절박한 요인으로 작용한다고 볼 수 있다.

다시 말해, 개인이 아무리 고집을 해도 이미 한국 사회는 구성원 자체가 다문화 사회로 진입해 있는 상황이다. 내가 원하지 않아도 한국 사회는 다문화 사회로 나아갈 수밖에 없다. 그렇지 않는다면, 다양한 민족(혹은 인종)이 섞여 살면서도 백인우월주의가 견고하게 작동하는 미국과 같은 국가들이 겪었던 온갖 부정적인 사례들을 고스란히 되풀이하게 될지도 모른다.

나 역시 이런 상황에 대해서 잘 알고 있고, 앞으로 우리가 취해야 할 방향이 명약관화하다는 것도 너무나도 잘 알고 있다.

► 남원초등학교에서 실시한 다문화 교육

그럼에도 불구하고 내 의식의 저 밑바닥에서는 '중국여자가 학부모 회장이라고?, 아니 어쩌다가…….'하는 식의 사고가 불현 듯이 치받쳐 올라오는 것이다. 돌아보건대 미국에서 흑인이 대통령이 되었다는 소식에 선뜻 기뻐해 줄 수 없었던 이유가 바로 이러한 고집스러운 생각 속에 있었던 것 같다.

그러니까 한국 땅에서 한국 사람이 소수가 될지도 모른다는 두려움, 혹은 그들로 인하여 변방으로 밀려날지도 모른다는 두려움, 그리하여 이주민이 한국의 중심이 될지도 모른다는 두려움, 그런 것들이 내 원초적인 저항감의 근원이 아니겠는가.

우선 내 자신의 의식 상태가 이런 식이라는 것만 점검해 보아도 우리 사회의 앞날이 참 많이 걱정된다. 정작 어른들의 우려와는 달리 아이들은 비교적 건강하게 서로 잘 어울리면서 지내는 것 같다. 같은 반 누구네 엄마가 중국 사람이고, 유치원 무슨 반 누구네 엄마가 베트남 사람이라는 이야기를 할 때, 우리 아이의 표정이나 말투에서 그 아이들을 좀 다르게 생각하거나, 다르기 때문에 차별한다거나 하는 기미는 찾아볼 수 없다.

이것은 우리 동네 어른들이 '그 아이는 엄마가 외국 여자니까 같이 놀지 말라.'는 식의 비뚤어진 교육은 안 하기 때문일 것이다.

어떤 엄마들은 다문화가정 자녀와 자기 아이가 짝이 되면, 담임선생님한테 압력을 넣어서 당장 짝을 바꾸게 만들기도 한단다. 어떤 선생님들은 학부모들의 그런 편견이 싫어서 아예 아이들을 짝지우지 않고 둥그런 형태의 모둠으로 무리지어 준다고도 한다.

혹시라도 내가 아직도 순혈주의에 빠져서 그런 엄마의 모습을 반복하고 있는 것은 아닌지 반성해 볼 일이다. 또한 둥근 모둠을 만든 선생님처럼 우리 사회의 다양한 소수자들이 한 데 어우러져 살아갈 기반을 마련하는 데 작은 역할이라도 하려고 노력하고 살고 있는지 깊이 생각해 볼 일이다.

다문화시대, 한국어교육 이야기

이주 여성들과의 첫 만남

공무원 덕분에

어제는 선생님이 보고 싶다는 학습자 A의 전화를 받았고, 그제는 학습자 B네 집 앞마당에서 딴 감 한 상자를 택배로 받았다. 학습자 C는 다음 달쯤 새 집을 지어 집들이를 한단다. 학습자 A, 학습자 B, 학습자 C, 이 세 사람은 2007년 한 해 동안 내가 한국어를 가르치면서 만났던 베트남 여성들이다.[1)]

2007년 농림부에서는 급증하고 있는 여성결혼이민자를 교육하기 위해 〈방문교육도우미〉 사업을 시행하였다. 이전부터 나를 비롯한 동료 선생님들은 한국어 관련 스터디를 하면서 앞으로 여성결혼이민자와 관련한 교육을 대학이 담당해야 할 시기가 올 것이란 것을 예측하고 있었다. 또한 우리 모두는 이러한 상황에 대비하기 위해서는 농촌 현장에 들어가 직접 부딪혀 한국어를 교육할 필요가 있다는 점에 동의하였다.

1) 이주여성 분들의 실명을 밝히는 것이 사생활 침해의 소지가 있어 실명 대신 학습자 A · B · C · D 등으로 표현하고자 한다.

때마침 농림부의 한국어 교육 시행 공고를 보게 된 나를 비롯한 동료 몇몇은 농림부 사업에 지원하였다.

농림부 사업은 군 단위로 선발 공고가 났다. 나와 내 동료 하나는 전주에서 상대적으로 가까운 △△시에 지원하기로 맘 먹었다. 그리고 궁금한 사항에 대해 질문하려고 담당 공무원에게 전화를 했다. 그런데 너무 황당하게도 "우리 군에서는 타 지역 사람은 안 뽑습니다."란 싸늘한 대답을 들었다. 분명 공고문에는 지역 제한이 없다고 나와 있었는데도 말이다.

할 수 없이 차선으로 ㅈ시 옆에 위치한 ㅅ군에 전화를 했다. ㅅ군 공무원은 "지원자가 너무 없어 걱정이니 제발 지원 좀 해 주세요"라고 말했다. 친절한 담당 공무원의 말에 힘입어 우리는 ㅈ시를 뒤로 하고 ㅅ군 한국어 교육 도우미에 지원하게 되었다. 덧붙이자면 ㅅ시 공무원의 경고(?)를 무시하고 ㅈ시에 지원했던 동료 선생님께서는 당연히도 미역국을 드셔야만 했다.

► ○○군 한국어 선생님들과 함께

► 3박 4일 동안 함께 교육을 받았던 ○○ 지역 교육 도우미 선생님들. 이 중 일본 분들도 두 분이나 계신다. 모두들 어찌나 열정이 넘치시는지 덕분에 주변 사람들까지도 덩달아 힘이 나게 해 주신 분들이다.

한국어와 복분자

교육 도우미라고는 해도 한국어 교사를 선발하는 과정이니만큼 선발은 필답과 면접을 통해 진행되었다. 합격 후에는 농림부 연수원에서 3박 4일 동안 합숙을 하면서 한국어와 상담 등에 관한 개괄적인 교육을 받았다. 그리고 그곳에서 처음 ㄱ군에서 활동하게 될 11명의 한국어 선생님들을 만나게 되었다.

나와 같이 지원한 송 선생님을 제외하고는 모두 ㄱ군에서 살고 계신 분들이었다. 대학 강의를 하는 사람들이 왜 굳이 ㄱ같은 시골에서 그것도 외국인 여성을 가르치려고 하느냐는 질문을 많이 하셨다. 나는 유학생들과 여성결혼이민자들의 한국어 교육의 차이점에 대해 알고 싶어서라고 대답했다. 선뜻 수긍하는 것 같지는 않았지만 모두들 그냥 그런가보다 하고 넘어가 주셨다.

나는 현장 경험이 많은 분들의 이야기를 들으면서 여성결혼이민자들을 대상으로 하는 한국어 교육이 대학 유학생이나 연수생들을 대상으로 하는 교육과는 매우 다르다는 것을 깨닫게 되었다. 국내에서 처음으로 방문교육을 실시했던 장수군 민들레 학교 소장으로부터 들은 현장 상황은 한 번도 들어본 적 없고, 본 적도 없고, 상상해 본 적도 없는 것들이 대부분이었다.

말이 통하지 않는 며느리 때문에 울화통이 터진다는 시어머니 하소연 들어주기, 엄마 공부 방해하는 어린 아이 돌보기, 논일 · 밭일 도와주기, 남편 불평 들어주기, 매 맞고 울고 있는 여성 달래기 등등. 한국어를 교육하는 시간보다 오히려 농촌 일손을 돕는 시간이 더 많았다는 이야기를 해주셨다.

여성결혼이민자가 처해있는 상황이 매우 열악하다는 것은 막연히 알고 있었지만, 농촌의 현실과 가족 구성원들의 무관심 · 몰이해가 교육의 커다란 장애가 되고 있다는 사실을 알게 되었다.

다년간의 이주여성 교육 경험이 있는 강사로부터 들은 현장 상황은 '아~, 어떻게 내가 저 일을 할 수 있을까'란 의구심과 두려움을 갖게 했다. 교육이 끝나고 ㄱ군 담당 공무원이 교육생을 배정해 주었다. ㄱ군에서 활동하게 될 11명의 선생님들은 모두들 자신의 배정지와 교육생의 국적에 대해 이야기를 주고받았다. 되도록 거주지에서 가까운 곳으로 배정하는 것을 원칙으로 했지만 내 경우는 가깝고 먼 곳이란 게 아예 없었다.

ㄱ지역 어디든 전주에서 가는 것으로 치자면 비슷비슷했기 때문이었다. 그런데 이상하게도 ㅆ면과 ㅂ면은 다들 기피하려 했다. 왜 그러냐고 물으니 대부분의 교육 도우미들이 살고 계신 곳에서 ㅆ면과 ㅂ면에 가려면 차로 한 시간 이상 걸린다는 거였다. 그것도 자가용으로 갈 경우가 그렇고, 버스를 타자면 두 시간 이상 걸린다고.

그런저런 이유로 처음 ㅆ면과 ㅂ면에 배정되었던 분들께서 담당 공무원에게 지역을 바꿔 달라며 하소연을 하셨다. 담당 공무원이 다들 사정이 마찬가지이니 그냥 가시라고 하자, 모두의 시선이 나와 송 선생에게로.

"왜? 왜? 왜 나를, 왜 우리를 보세요?"

우리야 전주에서 가는 것이기에 어디든 거리상으로는 마찬가지였다. 물론 그 사실도 그분들께서 말해주셔서 알았다. 나와 송 선생의 양보 아닌 양보로 결국 지역 배정 문제는 원만하게 끝이 났다. 나도 교육생을 배정받았다. 물론 모두의 기피지역이었던 ㅆ면과 ㅂ면으로. 내 교육생은 모두 베트남 분들로 ㅆ면에 둘, ㅂ면에 한 분이 살고 계셨다.

지역 배정이 모두 끝난 마지막 밤 같이 교육을 받던 ㄱ군 선생님들께서는 내가 가게 될 ㅆ면과 ㅂ면은 ㄱ군에서도 가장 일이 많은 곳이라며 어쩌면 한국어를 가르치는 대신 '복분자'를 따주어야 할지도 모른다며 겁을 주었다. 복분자 따는 일은 밭일 중에서도 가장 된 일이라면서……. 복분자는 출하 시기가 짧아 비가 오면 비를 맞으면서라도 따야하는데, 고 선생이 잘 할 수 있을지 걱정이라며 걱정 아닌 걱정까지 해 주셨다.

"복분자라니!"

복분자가 웬 말인가? 달착지근한 복분자주는 먹어봤지만……. 복분자가 어떻게 생겼는지도 모르는데…….

그렇게 나는 복분자가 많이 나온다는 ㄱ군 ㅆ면과 ㅂ면에 살고 있는 여성결혼이민자 세 사람을 만나러 가게 되었다.

► 가끔씩 산에 가면 볼 수 있던 복분자! 살면서 몇 번 보지 못한 복분자를 지겹도록 보게 될 줄 교육을 받을 당시에는 어찌 상상이나 할 수 있었을까?

► 복분자가 이렇게 무더기로 있다는 사실을 이주 여성 한국어 교육을 하면서 알게 알게 되었다. 1년 동안 이주여성 한국어 교육을 하러 오가는 길에 복분자가 성장하는 과정을 지켜볼 수 있었다.

첫 만남

쓰리를 처음 찾아간 날은 겨울이 끝나고 꽃샘 추위가 한창이던 봄날이었다. 쓰리 가는 길에는 아직도 녹지 않은 눈이 여기저기 쌓여 있었다. 차가 자주 다니는 삼거리에는 농촌 결혼 현실을 나타내는 국제결혼 홍보 현수막이 여기저기 붙어 있었다.

► 국제결혼 홍보 플래카드

► 결혼정보회사의 홍보 플래카드

첩첩산중疊疊山中이란 말이 어떻게 생겨났는지를 ㅅ리를 가며 실감했다. 가도 가도 산밖에는 보이지 않았다. 대체 이런 곳에 사람이 살고 있을까 싶을 만큼 깊은 산중에 ㅅ리가 있었다. ㅅ 마을은 앞에는 큰 내가 흐르고 양 옆으로 큰 산이 마을을 감싸안고 있었다. 마을 어귀에 차를 세우니 몇몇 남자 분들이 모여 한담을 나누고 있었다.

학습자들의 이름을 말하니, 마을 이장이라는 분이 마침 자기 아내도 있다며 집으로 안내를 해 주었다. 이장님을 따라 학습자의 집으로 가니, 베트남 전통 모자 '논'을 쓴 두 여성이 마당에서 잡은 닭을 씻고 있었다. 소개받지 않았어도 '논' 덕분에 내가 가르칠 학생들이 그들이란 걸 알 수 있었다.

► 2007년 방문교육을 함께 한 ㄱ군 교육도우미 분들.

이장님께서 한국어를 가르쳐 줄 선생님이라고 나를 소개하자 그녀들은 경계의 눈으로 나를 바라보았다. 이장님께서는 자신의 아내는 'B', 그 옆에 있는 여성은 'C'이라고 소개해 주었다. 나는 우선 이장님과 교육 일정을 조정하였다.

이장님께서는 시골 마을은 낮에 일이 많아서 공부할 시간이 없다고 저녁 먹고 공부했으면 좋겠다고 말했다. 마침 나 역시 학교 강의 때문에 낮에는 시간을 내기 어려웠기 때문에 저녁을 먹고 나서 공부를 시작하자는 이장님의 제안에 흔쾌히 응했다. 한국어 교육은 월·수· 금 주 3회 1시간씩 예정되어 있었다.

► 이주 여성을 교육하기 위해 1년 동안 매주 다니던 길. 구불구불한 재를 넘어 이 길에 올라서면 반은 왔구나라는 안도감이 밀려들고 했다.

ㅅ마을의 학습자를 만난 후, 우리는 나의 다른 한 명의 학습자를 만나러 ㅆ면 ㄱ리로 향했다. 그곳에서 만난 베트남 여성은 ㅅ리에서 만난 여성들과는 달리 매우 붙임성이 있는 여성이었다. 남편이 한국어 선생

님이라고 나를 소개하자 환하게 웃으며 자신의 이름을 말해주었다.

"선생님, 저는 A입니다, 베트남에서 왔습니다."

그렇게 나는 학습자 A를, 학습자 B를, 학습자 C를 만났다.

삼천동과 베트남댁

농촌 마을 일터의 공용어, 한국어

세계 공용어는 영어라는데, 농촌 이주여성들을 교육하면서 나는 새로운 사실을 알게 되었다. 농촌 이주여성 공용어는 바로 한국어! 이들의 공용어가 한국어란 사실을 내게 가르쳐 준 사람은 내 학습자 중 한 사람인 A의 남편이었다. 학습자 A의 남편 말에 따르면 다양한 국적의 이주여성들이 모이면 자신들의 모국어만으로는 도저히 의사소통이 안 된다는 것이다.

다국적 이주여성들의 의사소통에 동원되는 매개어가 바로 바디 랭귀지와 토막 한국어란다. 하루는 자기 집 복분자를 따러 이웃 마을 이주여성들까지 모두 6개국(베트남, 필리핀, 중국, 태국, 캄보디아, 우즈베키스탄) 10명이 넘는 이주여성들이 모였는데, 짧은 한국어를 동원해서 모두들 재미나게 웃으며 일을 하더란 이야길 들려주었다.

복분자를 따는데 6개국 여성이 모이고, 한 마을에 적어도 3개국 이상의 국적을 지닌 사람들이 모여 살아가는 곳이 지금의 우리 농촌이다. 책이나 신문, TV 등을 통해 다민족 공동체와 관련한 일들을 접할 때면 우리와 관계 없는 먼 나라 이야기거나 아직 먼 일이겠거니 여겼었다. 그런데 방문교육을 하면서 현재 우리의 농촌 마을이 이미 다민족 공동체를 형성했다는 사실을 깨닫게 되었다. 덧붙여 이제는 우리의 상황이 순수혈통의 단일민족을 강조할 수만은 없는 처지에 놓여 있다는 사실도 확인할 수 있었다. 다문화 사회는 이미 현실이 되어 바로 우리 앞에 펼쳐져 있었던 것이다.

현지 한국어 교육

이주여성들의 대부분은 1개월에서 3개월 정도 자국에서 한국어를 배우고 한국에 들어오는 경우가 많다. 그런데 문제는 한국어를 가르치는 교사가 대학에서 교육받은 전문 인력이 아니라는 것이다. 전문 인력이 아니어도 한국인이 가르치면 그나마 좀 나을텐데, 결혼중개소에서 소개해주는 한국어 선생님의 대부분은 이주노동자 출신의 베트남 사람들이라고 했다.

그래서인지 한국에서라면 1급을 충분히 마쳤을 기간 동안 한국어를 배웠다는 사람들이 기초 한국어조차 구사하지 못하는 경우가 태반이었다. 그런데 이 경우는 그나마 나은 편에 속했다. 이주여성들 가운데는 전혀 한국어를 배우지 않고 한국에 오는 경우도 있었다. 캄보디아 여성들의 경우, 자국에서 한국어를 교육할만한 인력이 부족해서인지, 거의 한국어를 한 마디도 못하고 한국에 들어오기도 했다.

ㄱ군청에서 열린 이주여성과 교사와의 만남이 있던 날 '안녕하세요.'라는 짧은 인사말조차도 못하고 커다란 눈만 굴리던 이주여성들도

있었다. 상황이 이렇다 보니 가족들에게도 이주여성에게 한국어를 가르치는 일이 무엇보다도 시급한 문제였다. 농촌 지역의 한국어 방문교육은 이런 필요에 의해서 진행되었던 것이다.

베트남댁 학습자 A

방문 교육 내내 나는 ㄱ리 마을 앞에서 매번 학습자 A를 태우고 ㅅ리로 향했다. 원래 방문교육의 취지는 외출이 쉽지 않은 이주여성들의 상황을 고려해서 직접 가정에 방문해서 교육을 하는 것인데, 학습자 A의 경우는 방문교육보다 ㅅ리에 있는 학습자 B와 학습자 C와 모여서 공부하기를 희망했다.

물론 그것이 학습자 A의 희망만으로 이루어질 수 있는 일은 아니었다. 다행히도 학습자 A의 시어머님께서는 며느리 사랑이 지극하신 분으로, 학습자 A가 공부하는 시간 동안 기꺼이 손주를 돌봐주셨다. 남편 역시 아내의 한국어 공부에 관심이 많았다.

결혼하면서 아내를 위해 바로 베트남어 사전을 사서 베트남어를 공부했다고 한다. 그래서 지금은 아주 기본적인 베트남 말이 가능한 정도가 되었다. 그런 남편 덕분인지 학습자 A는 내가 만난 이주여성 가운데 가장 밝은 성격을 가지고 있었다. 항상 웃는 얼굴에 같이 있는 사람까지도 기분 좋게 하는 유머까지도 갖추고 있는 여성이었다. 덕분에 아들 또한 화목한 가정에서 자란 아이답게 차분하고 따뜻한 성품을 갖고 있었다.

► 한국어 공부에 열중하고 있는 베트남 학습자들. 세 사람 모두 1년 동안 너무나 열심히 공부했다. 특히 학습자 A는 수업에 한 번도 빠지지 않고 출석했다. 몇 년 후면 이들의 자녀들이 초등학교에 입학한다.

한번은 공부를 하다말고 학습자 A가 내게 질문을 했다.

"선생님, 베트남은 나라예요. 그런데 왜 우리 동네 아저씨들이 저보고 베트남이라고 해요?"

"왜 사람들이 A보고 베트남이라고 불러요?"

"예~~. 제가 밭에서 일하고 있으면 아저씨들이랑 할머니들이랑 지나가면서, 베트남~, 베트남~ 이렇게 불러요. 한국 사람들도 한국 여자한테 한국~, 한국~ 이렇게 불러요?"

학습자 A의 질문을 받고 난 한참을 웃었다. 내가 만약 베트남에 갔는데, 베트남 사람들이 나를 한국~, 한국~이라 부르면 어떨까를 생각해 보기도 하면서. 어쨌든 학습자 A의 질문에 답을 해줘야 했다. 택호宅號라는 어려운 말을 들어가며 설명해야 하나 잠시 생각하다, 난 결혼한 여자를 부르는 한국 호칭과 관련한 문화에 대해 설명하기로 했다.

한국 사람들은 결혼을 해서 시댁이 있는 곳으로 오면, 마을 사람들은 그 여자를 부를 때 그 여자가 살던 마을 이름으로 그 여자를 부른다. 만약 여기 ㅅ리에 살던 여자가 전주로 시집을 가면 이웃 사람들이 '전주댁'으로 부른다고 예를 들어 주었다. 그리고 그 남편은 '전주 양반'이 된다는 것도. 학습자 A는 베트남에서 시집을 왔으니까 '베트남댁'이 된 거고 남편은 '베트남 양반'이 되는 거라고. 그러자 옆에 있던 학습자 B가 바로 질문을 했다.

"선생님, 그럼 캄보디아에서 온 사람은 캄보디아 댁이에요? 그럼, D는 캄보디아 댁, E는 중국 댁, F는 필리핀 댁이에요?"

"그렇죠!"

그러자 자기들끼리 웃으면서, 서로를 베트남 댁이라고 부르며, 선생님은 무슨 댁이냐고 물어왔다. 그래서 난 선생님은 아주 오래 삼천동이란 마을에서 살아서 '삼천동댁'이라고 대답해 주었다.

그제서야 학습자 A는 왜 사람들이 자신을 '베트남'이라고 부르는지를 이해했다. 그날 저녁 학습자 A를 비롯한 ㅅ리의 이주여성들은 '베트남댁'이란 택호를 통해 조금씩 한국을 배워갔다.

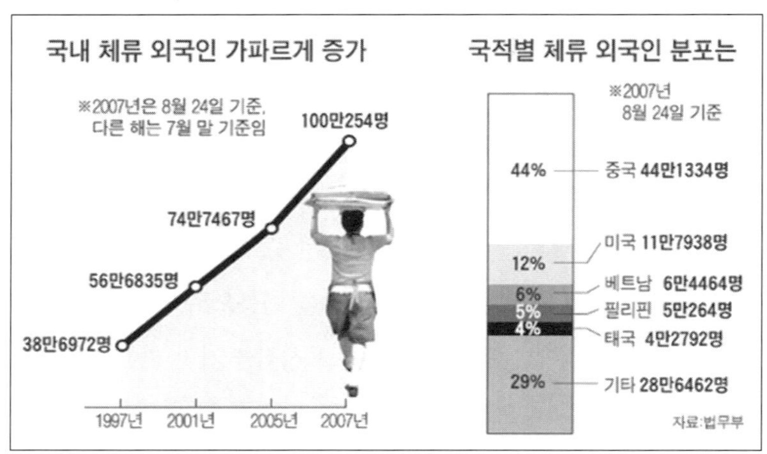

► 가파르게 증가하고 있는 국내 체류 외국인

아들의 미래가 걱정인 학습자 A

그런 베트남댁에게 걱정거리가 생겼다. 바로 아들 교육이다. 내가 방문교육을 시작했던 2007년 봄, ㅅ마을에는 필리핀 여성 2명, 베트남 여성 3명, 캄보디아 여성 1명이 다문화 가정을 이루어 살고 있었다. 방문 교육이 끝날 때쯤에는 마을의 노총각 2명이 각각 캄보디아와 중국 여성과 결혼해 다문화 가정이 더 늘어나게 되었다.

당연히 아이들의 수도 늘어, 처음 갔을 때 9명이던 아이들이 2009년 현재는 12명이 되었다고 한다. 현재 ㅅ마을에 살고 있는 미성년자들은 모두 다문화 가정의 자녀들이다. 이런 현상이 비단 ㅅ마을만의 일일까?

5년 후면 초등학교 입학생 10명 중 1명이 다문화 가정의 자녀라고 한다. 3년 후면 학습자 A의 아들 우주가 초등학교에 간다. 우주는 학교에는 어떤 아이로 불리게 될까? 엄마가 베트남 사람이라는 이유로 차별을 받지는 않을까? 학습자 A는 벌써부터 가난한 나라에서 온 엄마 때문에 상처를 받게 될지도 모를 아들의 미래를 걱정한다.

▸ 입학식에 온 초등학생들. 통계자료에 따르면 5년 후에는 초등학교에 입학하는 학생 10명 가운데 1명이 다문화 가정 자녀이고, 2020년에는 한국 신생아의 3분의 1이 다문화가정의 자녀일 것이라고 한다.

세계 평화와 인류 공영을 염원하는 이주 여성들

안녕~ ㄱ군, 안녕~ ㅅ마을

2007년 한 해 난 참 많은 경험을 했다. 지금도 나를 선생님이라고 부르며 '보고 싶다'고 전화를 하고 문자를 보내는 'ㅅ댁들'과 ㅅ 마을의 다문화 가족들. 여름이면 복분자 따서 보내고 가을에는 감자 캐서 보내는 내 베트남 학생들에게서 나는 가르친 것 보다 배운 것이 더 많다. 이들 덕분에 우리 사회가 다문화 사회로 진입해 가는 과정에서 일어날 수 있는 여러 사건들을 경험할 수 있었다.

또한 이들 덕분에 대학이라는 우물 안에 갇혀 이론으로만 다문화에 대한 연구와 대안을 내놓았던 내 지난날의 편견과 무지를 바로잡을 수 있었다. 그래서였을까. 야밤에 산을 넘어 가며 만났던 이들과의 헤어짐이 시원하지만은 않았다.

ㅅ마을에서의 1년은 내게 많은 추억을 남겨 주었다. 마을 회관 화장실이 고장 나서 되도록 물도 마시지 않으려고 했던 일, 그러다 결국

컴컴한 야간 국도변에서 차를 세우고 누가 볼까 불안해하며 오줌 누던 일, 수업하다 말고 달기똥 같은 눈물을 뚝뚝 흘리던 학습자 B와 씩씩한 A, 날아갈수록 한국어가 늘면서 공부에 흥미를 더해가던 학습자 C와 헤어진다는 일이 왜 그리 서운하던지……. 학교 강의를 끝내고 해 질 녘에 출발해 한 시간 이상을 달려야 하는 그곳까지 가기가 너무 힘들었다.

특히 운전 중 하루의 피곤함이 밀려들 때마다 '아이고~오~, 이 시간이 언제나 끝이 나나~' 넋두리를 하며 달려가던 그 길이 아득해진다는 생각이 왜 그리 안타깝던지…….

내 그런 아쉬움 때문이었을까. 2008년 나는 다시 ㄱ군과 인연을 맺게 되었다.

또 다시 공무원 덕분에

2008년 3월, 나는 ㄱ군청 직원으로부터 한 통의 전화를 받았다. ㄱ군청에서 이주여성들을 대상으로 한국어와 한국문화를 교육하려고 하는데 그와 관련한 프로그램을 기획하고 강의를 해 줄 수 있겠느냐는 요청이었다. 어떻게 알고 연락을 했냐 물었더니 군청 직원의 소개를 받았다고 했다. 또다시 공무원 덕분에 ㄱ과 인연을 맺게 될 줄이야…….

나는 지난 1년간의 방문 교육 경험을 바탕으로 집합 교육에 적합한 프로그램을 기획했다. 그동안의 방문 교육은 이주 여성에게 시급하게 필요한 것이 무엇인지를 파악할 수 있게 해 준 학습의 시간이었다. 나는 또다시 공무원 덕분에 2008년 5월부터 12월까지 매주 한 번씩

ㄱ군을 찾게 되었다.

군청에서 요청한 프로그램의 정확한 명칭은 'ㄱ군 여성결혼이민자 가족 사회적응 교육'이었다. 교육은 ㄱ군 여성결혼이민자들에게 총 10개월 동안 한국어와 한국문화를 가르치는 것이었다. 한국어 프로그램은 매주 금요일 2시간씩, 한국문화 프로그램은 격주로 금요일 2시간씩 진행할 수 있도록 짰다.

물론 한국어가 능숙하지 않은 이주여성 대상 교육임을 감안하여 한국어는 주강사와 보조강사 1인, 한국문화는 주강사와 보조강사 3인으로 강사진을 구성했다.

당시까지만 해도 정부와 지자체 및 민간단체에서 이루어지는 이주여성 대상 프로그램의 경우 보조 강사 없이 진행되는 경우가 대부분이었다. 그런데 이로 인해 현장에서는 이주여성 대상 교육의 효율성에 대한 문제가 제기되곤 했다.

▸ 동화 구연을 위해 준비한 교육 자료

▶ 군청에서 나눠진 동화책을 보며 동화 구연하는 방법을 익히고 있는 이주여성 분들.

▶ 한국어 공부에 열중하고 있는 이주여성분들과 강사들

나는 이러한 문제점을 해결하기 위해 현장 경험이 풍부한 석박사 과정의 한국어 교육 전공자들로 보조 강사진을 꾸렸다. 물론 주강사는 박사과정을 수료하고 다년간 한국어와 한국어문화를 교육한 사람들로 구성했다.

▸ 이주여성 분들이 유난히 많이 모인 이날은 호칭과 지칭어를 교육하는 날이었다.

왜 신라는 실라인데, 신라면은 신나면이에요?

한국어 교육 프로그램은 초급과 중급으로 나누어 진행했다. 초급반 수강자들의 국적은 매우 다양했다. 최근 1~2년 사이에 한국어 들어온 베트남, 캄보디아, 몽골, 필리핀, 중국 출신자들로 20대 초반의 젊은 여성들이 대부분이었다. 그에 반해 중급반 수강자들은 체류기간이 10년 정도 된 중년의 일본 분들이 대다수였다. 중급반이라고 개설했지만 실질적으로는 고급반으로 운영해야 할 상황이었다.

중급반의 경우는 한국어로 의사소통하는데 전혀 무리가 없는 분들이 대부분이었고 이들의 요구도 한국어 의사소통에 있다기 보다는 발음의 정확성과 문법 지식에 있었다. 특히 그동안 민간단체의 자원봉사자들에게 한국어를 배웠던 이들 가운데는 한국어 발음 규칙에 대한 궁금증이 많아 매주 질문을 받았다.

이들 가운데는 지난 해 농림부에서 실시했던 한국어 교육 도우미

활동을 같이 했던 한국어 교육자 경험을 가진 분들도 섞여 있었다. 그 중 한 분은 한국어 교육자로 활동하던 당시 부정확한 한국어 발음 때문에 학습자와 그 가족들로부터 항의를 받기도 했었다. 한국어 선생님을 보내달라고 했더니 일본어 선생님을 보냈다며 남편 분이 강하게 문제 제기를 하는 바람에 교육을 포기하고 되돌아와야 했던 아픈 경험 때문이었을까. 유독 한국어 발음에 대한 질문을 자주 했다.

'왜 신라는 실라인데, 신라면은 실라면이 아니고 신나면이냐'는 질문부터 '여덟은 여덜로 발음해야하는지 여덥으로 발음해야 하는지' 등등. 이들의 요구를 수용하기 위해 한국어 교원 양성과정 중 발음교육론을 위해 만들었던 자료를 활용하여 특강을 하기도 했다. 나중에 설문조사를 시행한 결과를 보니 역시나 이 강의에 대한 만족도가 가장 높았다.

► ㄱ군 청소년 회관에서 이주여성들을 대상으로 강의 중인 필자.

구급상자 덕분에

그동안의 농촌 현장 방문 교육의 경험을 살릴 수 있었던 프로그램은 한국어 교육보다는 한국문화 교육에서였다. ㄱ리의 한국어 교육이 끝나갈 무렵 안타까운 소식을 들었다. 베트남 출신 엄마가 아이를 씻기기 위해 물을 끓여 대야에 붓고 온도를 맞추려고 찬 물을 가지러 간 사이 아이가 대야를 덮쳐 화상을 입게 되었다는 것이다. 그런데 문제는 화상 응급 처치에 대한 지식이 없던 아이 엄마가 아이의 옷을 벗기는 바람에 화상이 더 깊어져서 치료가 힘들어졌다는 사실이다.

대체로 교육 수준이 높지 않은 어린 엄마들의 경우 아이가 아플 때 어떻게 해야 하는지에 대한 지식이 부족하다. 특히 화상처럼 상처가 크게 남는 응급 사고에 대처하는 방법을 제대로 알고 있는 이들이 없었다.

▸ 구급상자를 앞에 놓고 응급처치법을 배우는 이주여성 분들. 자녀들을 두고 있는 어머니들이라서인지 다들 열심히 배우고자 하셨다.

그 사건을 계기로 나는 내가 교육하는 베트남 여성들에게 간단한 응급 처지법에 대한 기본 교육을 했다. 이때의 경험을 바탕으로 문화교육 프로그램에 응급 처치법을 넣었다.

응급 처치법을 강의하는 날, 교육장으로 사용하고 있는 3층 강의실은 아이들을 업고 나온 젊은 엄마들로 대만원이었다. 아기를 맡길 데가 없는 젊은 엄마들은 모두들 아기를 데리고 교육장으로 왔다. 덕분에 우리의 보조 강사 분들은 그날 만큼은 교육 도우미가 아닌 보육 도우미가 되어야 했다. 다행히 그들 중 몇몇은 시어머니와 남편을 대동하고 와서 며느리나 아내 대신 아기를 돌봐주기도 했다.

의료 분야 강의의 전문성 때문에 그동안의 문화 강의와 달리 간호학 전공 교수를 초청해서 강의를 진행했다. 그런데 의외의 문제가 생겼다.

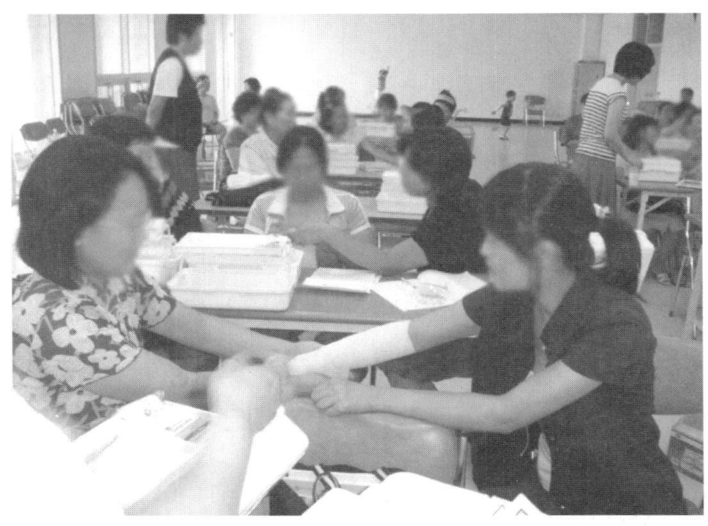

▸ 일본에서 오신 이주여성 분들 중에는 간호사 출신 분들이 있어 보조 강사보다 더 자세하고 친절하게 설명을 해주기도 했다.

강의 시 너무 전문적이고 어려운 용어를 사용하는 바람에 아직 한국어에 미숙한 젊은 엄마들이 강의 내용을 전혀 이해하지 못했다. 응급 처지에 대한 높은 관심에 비해 강의 만족도는 현저히 떨어지는 일이 발생한 것이다.

그 일을 계기로 이주민 대상 교육에는 각 분야의 전문가를 투입하는 것만큼이나 외국인 대상 한국어 교육에 대한 기본 지식을 갖춘 전문가가 필요하다는 사실을 새삼 깨닫게 되었다.

교육이 끝난 후, 강의 내용이 너무 어려워 울상을 짓고 있는 이들에게 응급 의약품이 구비된 구급상자를 선물로 주었더니 매우 만족해했다. 며느리와 함께 온 어떤 시어머니께서는 한 개 더 달라며, 사람 숫자대로 줘야 하는 거 아니냐며 막무가내로 떼를 쓰기도 했다. 담당 공무원은 웃으면서 며느리 한 명당 한 개라고 못을 박았다. 그리고 다음에 작은 아들 결혼시켜서 작은 며느리 데리고 오면 주겠다는 말을 덧붙여 돌려보냈다.

어쨌건 그날의 문화 강의는 구급상자 덕분에 성황리에 끝났다.

제사상 주문에 돼지머리와 낙지까지…….

응급 처치법 다음으로 관심이 높았던 강의는 '제사 상차림'이었다. 대부분 시부모를 모시고 살고 있는 이주여성들은 명절과 제사 때마다 마련해야 하는 특별한 한국 음식과 종류와 색깔에 따라 결정되는 상차림 방법에 대해 어려워했다. 물론 제사 간섭을 하지 않는다는 말이 있을 정도로 지방에 따라 집안에 따라 각기 다양한 방법이 있는 상차림을 일반화해 강의한다는 것이 쉽지는 않았다. 하지만 기본적으로 갖추어야 할 원칙들에 대해서는 충분히 강의가 가능했다.

강의 당시 이주여성들은 상차림의 방법보다는 상차림의 의미에 대한 설명을 들을 수 있어서 기뻐했다. 매번 집에서 상을 차리는 당사자이면서도 가족에게 왜 그렇게 상을 차려야 하는지에 대한 설명을 듣지 못했던 것이다.

강의 때 재미있었던 일은 맞춤 주문을 했던 제사 음식에 돼지머리와 삶은 낙지가 섞여 있었던 일. 담당 공무원이 제사상을 주문했는데 고사 지내는 음식인 줄 알고 삶은 돼지 머리가 왔던 것이다. 덕분에 몽골과 베트남에서 온 이주여성들이 무지 포식을 했다. 몽골과 베트남 사람들도 돼지 머리를 무척 좋아한다는 사실을 그때 알게 되었다. 그리고 낙지는 ㄱ군에서는 꼭 올라가는 음식이라는 사실까지도 더불어 알게 되었다.

► 제사상 차리기를 위하 준비한 제기를 두 개 나란히 붙인 책상에 올려놓았다. 한국에 온 지 한 달도 안 된 어떤 학습자의 경우는 제기를 처음 보았다면 매우 신기해 했다.

▸ 제사상 차리는 방법을 설명하고 있는 필자와 앞에서 시연을 하고 있는 보조 강사 분들. 다른 문화 강의에 비해 학습자들의 호응이 높았다.

▸ 아직 한국어가 서툰 이주여성들에게는 말로 설명을 하기보다는 그림을 통해 이해하도록 하는 것이 효과적이다. 제사상 차림을 위한 준비한 PPT를 보며 공부하는 학습자들.

ㄱ군청에서 주최한 한국어 교육은 방문교육이 아닌 집합교육으로 이루어졌기 때문에 학습자들이 직접 청소년 문화회관까지 찾아와야 하는 번거로움이 있었다. 교통편이 원활하지 않은 농촌의 특성상 초급반의 경우는 남편들이 데려다 주지 않으면 배우고 싶어도 배울 수 없는 상황이었다. 그에 비해 중급반의 경우는 한국어 구사에 어려움이 없었기 때문에 버스를 타고 오거나 운전면허가 있어 본인이 직접 차를 가지고 왔다. 어떤 분들은 자건거를 타고 오기도 했다.

▸ 문화 교육 프로그램 중에는 결혼식과 장례식 예절에 대한 강의도 진행되었다. 장례식과 관련된 강의 중에는 자국의 장례식과의 차이점을 이야기하는 이주여성 분들도 계셨다.

▸ 직접 축의금과 부의금 봉투에 글을 쓰고 있는 이주여성 분들. 일본과 중국에서 오신 분들은 한자로 쓰는 것을 어려워하지 않았지만 캄보디아와 베트남 등 동남아시아에서 오신 분들은 무척 어려워하셨다. 글을 쓴다기 보다는 그림을 그리는 쪽에 가까웠다.

중급반 구성원 가운데 80% 이상이 일본 분들이었다. 원래 중급 수준의 한국어를 구사할 정도의 이주여성들은 대부분 한국어 교육의 필요성을 느끼지 못한다. 기본적인 의사소통이 가능하면 곧바로 한국어 교육을 중단하곤 했다. 그런데 일본 분들은 유창하게 한국어를 구사할 수 있음에도 불구하고 자녀 교육과 자기 계발을 위해 매주 빠지지 않고 교육에 참여했다.

그걸 보고 있자니 일본이 선진국인 이유를 알 것도 같았다. 하지만 한편으로는 이들의 교육 수준과 모국에서의 경제적 배경을 살펴볼 때 이들과 여타 동남아 출신 이주여성들을 비교한다는 것 자체가 모순이라는 생각도 들었다.

현재 한국에 들어와 있는 이주여성들 그 중에서도 특히 ㄱ군과 같은 농촌 지역에 거주하고 있는 대다수의 일본 여성들은 종교적 신념이 투철한 분들이 대다수이다. 경제적인 이유로 한국행을 택한 일본 여성이 전무하다는 말이다. 그래서인지 일본 여성들의 경우 동남아 출신 이주 여성과 자신들을 동일시하는 것에 대한 거부감이 큰 여성들도 가끔 보게 된다.

그리고 주제를 주고 글쓰기를 할 때 보이는 공통점이 있는데, 이 분들이 꼭 마지막에 세계 평화와 인류 공동체의 공영共榮을 이야기한다는 점이다. 위대한 종교의 힘을 엿보게 되는 대목이다. 어찌되었건 이 분들이 ㄱ군 다문화 가정의 평화에 이바지하고 있는 것은 분명하다.

▸ 비 오는 날 쪽 염색을 하기 위해 손에 고무장갑을 끼고 염색에 열중하고 있는 이주여성 분들과 강사들.

► 비 때문에 염색이 예쁘게 안될까봐 걱정인 사람들. 다행히도 바다 빛을 닮은 예쁜 쪽물이 들었다.

► 명절 음식 만들기 시간에 이주여성 분들이 직접 만든 송편. 추석이 오기 전 복분자 물과 쑥물을 들여 만들었다.

유학생의 눈에 비친 한국·한국인

앞서 2007년부터 2008년 두 해 동안의 이주민 한국어 교육 이야기를 썼지만 내가 오랜 동안 몸 담고 생활했던 곳은 대학이란 공간이다. 원래 내 본업은 대학에서 외국인 학생들에게 한국어를 교육하는 것이다. 그래서 당연히 나는 이주민들보다 유학생들과 함께 보낸 시간이 더 많다. 그런데도 아직 이들의 이야기는 한 번도 하지 못했다.

지금 내 가방엔 중국 감기약이 한 가득이다. 한 달 동안이나 지속되는 내 감기를 보다 못한 우리 반 학생들이 너도 나도 자신들이 한국에 올 때 가져온 감기약을 먹으라며 갖다 준 덕분이다. 정 많고 웃음 많고 열정 많은 학생들.

나는 이제부터 무엇보다도 한국어에 대한 관심과 열의로 가득한 현재 내가 가르치고 있는, 또 내가 가르쳤던 이들 유학생들의 이야기를 하려고 한다.

"선생님, 저 곶의 이름가 '주차금지' 입니다!"

초급반을 수업을 하다보면 학생들의 부족한 한국어 실력 때문에 재미있는 일들이 일어나곤 한다. 언젠가 수업이 끝나고 학생들과 함께 교정을 걷는데, 한 일본 학생이 '철쭉'을 가리키면서 자기가 저 꽃 이름을 안다고 말했다. 내가 웃으며 저 꽃 이름이 뭐냐 물으니, 학생이 대답했다.

"선생님, 저 곶의 이름가 '주차금지'입니다!"

아~ 이~ 고~. 어째 이런 일이? 학생이 가리킨 꽃은 바로 '철쭉'이었다. 같이 공부하는 학생들 중 한국어를 가장 잘 안다는 학생이 화단 앞에 꽂혀 있는 '주차금지' 팻말을 보고 자신 있게 '주차금지 꽃'이라고 가르쳐준 것이었다. 덕분에 '철쭉'은 내가 그 이름을 학생들에게 가르쳐주기 전까지 우리 학생들에게 계속해서 '주차금지'로 불렸던 것이다. 그 날 이후로 난 철쭉만 보면 주차금지가 떠올라 혼자서 킥킥거리곤 한다.

한국어 강의실에서는 학생들의 부정확한 발음 때문에 황당한 일이 벌어지기도 한다. 한 번은 주말이 지나고 월요일 1교시에 교실에 들어가니, 학생 한 명이 내게 다가와 호들갑스럽게 말했다.

"선생님, 선생님, 저 어제, 선생님 세 번 봤어요!"

"어? 어디서 봤어요?"

"경기전에서 봤어요."

"어? 저 어제 경기전 안 갔는데요?"

"아니요~~. 선생님 아니고 세 번 봤어요?"

"어? 선생님 어제 계속 집에 있었는데요?"

제 반응에 그 학생을 답답해 죽겠다는 표정으로 외쳤다.

"선생님, 선생님 아니고 세 번, 세 번 봤어요~."

"……(아니, 이게 도대체 뭔 소리여?)"

결국 답답해 가슴을 치던 학생이 잡지에 실린 사진을 가지고 와서 한 남자를 가리켰다.

'아이고!! 그건 바로 세븐이었다.'

당시 '궁宮2'란 한국 드라마가 방영 중이었고, 그 학생은 마침 녹화를 위해 경기전을 방문했던 세븐을 보고 온 것이었다. '세븐'을 '세 번'으로 발음하니 내가 어찌 알아듣겠는가. 물론 오랜 경험으로 맥락을 통해 부정확하게 발음해도 대충 그 의미를 파악할 수는 있다. 하지만 전후 맥락 없이 느닷없이 '세 번'을 외치니 어떻게 그 의미를 이해한단 말인가. 그 날 아침은 전주를 방문한 '세븐' 덕분에 한참을 웃었다.

내가 수업을 마치고 동료 선생에게 아침 일을 말했더니, 그 선생님도 자신이 겪은 재미있는 일을 말해주었다. 언젠가 쉬는 시간에 학생 한 명이 다가오더니 묻더란다.

"선생님, '전국의 계란' 아세요?"

"응? 전국의 계란?"

"네! 진자 맛있어요!"

계란 중에 '전국'이란 상표의 계란이 있나보다고 생각한 그 선생님이 다시 물었단다.

"아~ 하! 계란 좋아해요? 계란이 그렇게 맛있어요?"

"아니요. 아니요. 거기, 그 남자, 진자 맛있어요"

"???"

"건상우요."

"네? 누구요?, 권상우요?"

"네, 네, 건상우요."

"아~ 하~. 천국의 계단!"

학생이 맛있다던 '전국의 계란'은 드라마 '천국의 계단'이었던 것이다. 이처럼 한국어를 교육하다 보면 발음 때문에 벌어진 황당한 이야기를 자주 듣게 된다.

서울에 갔다가 전주행 차를 타려던 학생이 '청주'로 갔다 온 일도 있었다. 대부분 특히 중국 학생들의 경우 초급 단계에서 모음 'ㅜ, ㅗ, ㅓ'와 자음 중 경음과 평음, 격음의 음가에 대한 변별성이 약하다. 그러다 보니 이런 일들이 자주 벌어진다. 한국어를 교육하는 사람이라면 외국인 학생들의 부정확한 발음 때문에 벌어진 에피소드만 모아도 재미있는 책 한 권을 쓸 수 있을 것이다.

"저는 미국 사람이 아닙니다. 한국어로 질문해 주십시오."

여러 나라 학생들을 한 교실에서 가르치다 보면 내가 모르던 다양한 문화를 학생들을 통해 배우게 된다. 몇 년 전 카자흐스탄, 스페인, 방글라데시, 러시아, 중국, 일본, 미국에서 온 학생들을 가르칠 때의 일이다. 한국의 결혼식에 대해 공부할 때, 카자흐스탄에서 온 알리야라는 학생이 자기 나라의 결혼 풍습에 대해 말해 주었다. 카자흐스탄에는 아직도 '납치혼'이 전통으로 이어져 오고 있다고. 알리야의 말을 들은 다른 나라 학생들은 경악을 했다.

특히 미국과 스페인에서 온 에두와 마크는 남자이면서도 그런 야만

적인 제도가 아직도 남아 있다니 믿을 수가 없다며 입을 다물지 못했다. 미국인인 마크는 연신 '오 마이 갓'을 외쳐댔다. 또한 자칭 페미니스트라고 주장하는 러시아인 레나는 어떻게 그런 나라에서 혁명이 일어나지 않고 있는지 모르겠다면 카자흐스탄 정부를 강하게 비난했다. 그러자 알리야는 도시에서는 그러지 않는다고, 시골에서 그런다면서 격앙된 분위기를 무마하려고 진땀을 뺐다.

어찌되었건 그 시간은 알리야 덕분에 각국의 문화적 차이에 대한 열띤 토론이 이어졌다. 그 가운데 에두가 내게 한국 사람들에 대해 불평을 했다. 한국 사람들이 자기만 보면 한국어가 아닌 영어로 말을 건다는 것이다. 버스를 타면 아이들이 다가와서, 도서관에 가면 대학생들이 다가와서, 심지어는 택시를 타도 기사 아저씨가 '헬로'라고 인사를 한다는 것이다. 그러면 어떻게 대답하느냐고 물으니 그 학생은 다음과 같이 대답했다.

"저는 미국 사람이 아닙니다. 저는 스페인 사람입니다. 저는 한국어를 공부하기 위해서 한국에 왔습니다. 한국어로 질문해 주십시오."

물론 에두는 일상생활에 필요한 기본적인 영어를 구사할 수 있었다. 하지만 자기는 한국어를 배우러 한국어 왔기 때문에 되도록 한국말을 쓰고 싶다고 말했다. 그는 왜 한국 사람들은 백인이면 모두 영어를 잘 할 거라고 생각하는지 모르겠다며 불편한 기색을 숨기려 하지 않았다.

이런 에두와 달리 레나는 백인이라는 걸 활용해 학교 근처 학원에서 영어 강사로 돈을 벌었다. 물론 학생 신분으로 일을 하는 것은 엄연히 불법이다. 하지만 불법임을 알면서도 채용하는 고용주가 있기에 이런 일이 발생했다. 내가 알기로 레나는 완벽한 영어를 구사하지 못했다. 그럼에도 백인이라는 이유만으로 영어를 가르칠 수 있었다.

► 영어 강사들에게 한국어를 가르치고 있는 필자.

그런데 아이러니하게도 마크는 완벽한 영어를 구사할 수 있는 미국인이면서도 학원에서 외면을 받았다. 이미 미국 대학을 졸업하고 온 마크는 이곳에서의 취업이 가능했다. 그리고 할 수만 있다면 이곳에서 직장을 구해 눌러 살고 싶어 했다. 그래서 레나를 통해 학원 문을 두드리기도 했던 모양이다. 하지만 어떤 학원도 마크를 채용하려 하지 않았다.

마크는 미국인이지만 백인이 아니었다. 마크는 3살 때 미국 가정에 입양된 한국계 미국인이었던 것이다. 한국의 부모로부터 버림받은 마크가 성인이 되어 찾아 온 고국에서 외면받은 상처는 쉽게 지워질 것 같지 않았다.

다행히 한국어 연수 과정이 끝나갈 무렵 마크는 취업대행 업체를 통해 전남의 한 대학 부속 기관에서 영어를 가르치게 되었다.

난 이 땅에 들어온 외국인들에게 한국어와 한국 문화를 가르치기도 하지만 한편으로는 그들로부터 많은 걸 배웠고, 지금도 배우고 있다.

※과정이 끝나고 본국으로 돌아가기 전 학생들이 만들어주고 간 작별 카드 속 사진과 글들.

▸ 비오는 가을 날, 내장산에서.

▸ 우리 집에 놀러 온 학생들

고 은 미 선생님

선생님 안녕하세요 ^^

선생님, 6개월 동안 저희에게 한국얼
가르쳐 주셔서 감사합니다 ^^ 아직도
서투르지만 선생님 덕분에 이제 대화
할수 있을 정도까지 늘었습니다.
저는 선생님 수업을 정말 좋아했습니다.
특히 토론하는 것이 좋았습니다. 저에게는
어려운내용이었는데, 평소 들수 없는 친구의
의견을 들수 있어서 정말 재밌었습니다.
마크 사고방식은 정말 웃겼죠!?
정말 재밌었습니다.
선생님께서 가르쳐주신 것을 기초로
앞으로도 한국얼 열심히 하겠습니다!!
재밌게, 즐겁게 가르쳐주셔서 고맙
습니다 ^^

하나다 아스카 올림

► 예쁜 한지에 쓴 아스카 감사 편지

고운미 선생님께

지난 사개월 동안 선생님 덕분에 수업을
재미있게 보내고 많이 배웠어요.
먼저는 선생님께서의 말씀을 별로
(아무것도) 이해 못 했는데 지금은
천천히 말하면 이야기에 참가 할 수
있어요. 하지만 아직 멀었어요.
한국어에 흥미가 많아서 미래 어느날
이 아름다운 말로 쉽게 이야기 할수
있을거예요.
한국어 공부 하고 이해하는 것이 어렵지만
최선을 다하다보면 잘 될거예요.
즐겁게 가르쳐서 정말 고맙습니다.

에두 올림

► 에두의 작별 인사

외국인의 로망, 제주도

아! 제주도!!!

여름 방학이 되었다.

모처럼 한가한 월요일을 보내고 있는데, 중국인 학생 한 명이 전화를 했다. 상해로 돌아가기 전 선생님을 보고 가고 싶다고. 점심에 만나 김치찜을 먹으면서 그동안 뭐 했느냐고 물으니 여행을 다녀왔다고 했다. 어디로 다녀왔냐고 묻지 않아도 짐작할 수 있었다.

제주도!

제주도 어땠냐고 물으니, 학생이 재미있게 표현했다.

"선생님, 제주도 가기 전에는 아! 제주도!!!"

"그런데 가서 보니, 아~아~ 제주도~"

글로 그 학생의 구어적 반응을 다 표현할 수 없어 안타까울 따름이다. 내가 웃으면 '아! 제주도!'가 왜 '아~제주도~'가 되었냐고 물으니, 꿈에 그리던 제주도였기에 생각만 해도 감탄사가 절로 나왔단다. 그런데 막상 도착해서 보니 아름답기는 했지만 꿈에 그리던 제주도는 아니었다는 뜻에서 '아~제주도.'라고 표현했단다. 그래도 나름 재미있는 여행이었던지 100% 만족은 아니어도 80%는 만족한다고 말했다.

그리고 나서 내게 제주도에서 쓴 엽서를 내밀었다. 선생님 생각하면서 썼다고. 너무도 아름다운 제주의 풍광이 담긴 엽서였다. 그리고 그 안에는 한 자 한 자 빼곡하게 정성을 담아 쓴 내 학생의 글이 있었다.

외국인의 로망 제주도

한국어를 가르치다보면 자연스럽게 한국에서 가보고 싶은 곳이 어디냐고 묻을 때가 있다. 그러면 열에 아홉은 '제주도'라고 말한다. 그리고 가장 많이 받는 질문 가운데 하나가 제주도에 가 본 적이 있냐는 것이다. 물론 가 본 적이 있다고 대답하면 제주도에서 어디가 가장 아름다운지, 책에서처럼 그렇게 돌과 바람과 여자가 많은지, 한라산에 올라가 봤는지, 유채꽃이 정말 그렇게 많은지 등등에 대해 묻곤 한다.

기말고사가 끝나고 여름방학이 시작될 즈음, 학생들에게 방학에 뭘 할거냐고 물었더니, 반이 넘는 학생들이 여행을 갈 거라고 말했다. 어디로 갈거냐고 물으니 마치 합창이라도 하듯이,

▸ 중국인 학생이 제주도에서 쓴 엽서의 앞면

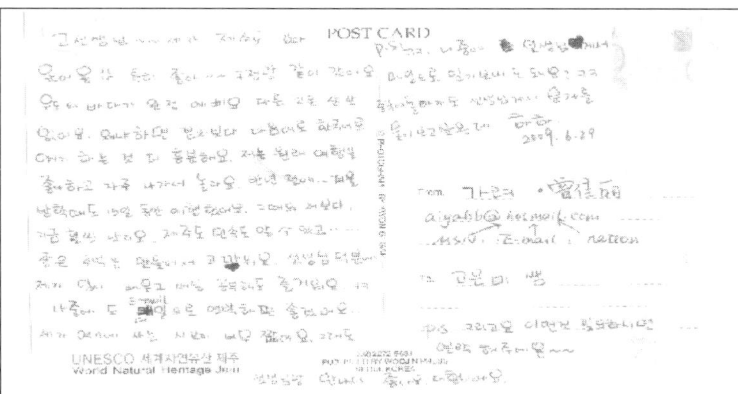

고 선생님~~제가 제주도 갔다 왔어용. 특히 좋아~~ 구정랑 같이 갔어요. 우도의 바다가 완전 예뻐오. 다른 것은 상관없어요. 왜냐하면, 경치보다 마음대로 한국어로 얘기하는 것 더 흥분해요. 저는 원래 여행을 좋아하고 자주 나가서 놀라요. 반 년 전에...겨울 방학 때도 15일 동안 여행했어요. 그때의 저보다 지금 훨씬 낫지요. 제주도 민속도 알 수 있고…….

좋은 추억을 만들어서 고마워요. 선생님 덕분에 제가 많이 배우고 매일 공부해도 즐거워요. ㅋㅋ. 나중에 도 메일(E-mail)으로 연락하면 좋겠어요…. 제가 여기에 사는 시간이 너무 짧아요. 그래도 선생님이랑 만나서 좋아요. 대행이에요.

"제주도요"

우리 반 학생들이 학교 여행사를 통해 단체로 제주도 여행을 할 참이란다. 그래, 제주도! 한국에 왔으니 한 번 가 볼 만한 곳이란 생각이 든다. 그런데 왜 그렇게 많은 외국인들이 제주도에 가고 싶어 하는 것일까?

한국어 교재에 나타난 제주도

한국에 와 있는 유학생이 한국에 관해 처음 접하게 되는 것이 '한국어 교재'이다. 대부분의 한국어 교재의 경우 '여행'과 관련한 정보를 싣는데, 그 중 가장 많이 등장하는 여행지가 '제주도'이다. 덕분에 이곳에 있는 외국인 학생들은 한국어 교재를 통해 자연스럽게 제주도를 접하게 된다.

한국어 교재에 실린 제주도는 돌과 여자와 바람이 많은 삼다도일 뿐 아니라 이 나라에서 가장 아름다운 곳으로 그려진다. 초급 교재에서부터 제주도가 등장해 중급·고급 단계에까지 고르게 제주도에 관한 소개 글이 등장한다. 또 각종 TV 오락 프로그램이나 드라마, 영화 속 제주도는 외국인들이 환상을 갖기에 충분할 만큼 환상적이다.

위에서 제시한 한국어 교재 이외에도 각 급수별 다양한 교재마다 제주도에 관한 글이 실려 있다. 때문에 교재를 통해 한국어를 배우는 외국인들은 너무도 자연스럽게 제주도를 마음에 담게 된다. 한국어 교재 덕분에 제주도가 한국에 온 외국인이라면 꼭 한번은 가보고 싶은 외국인들의 '로망'이 되었다고 해도 과언은 아닐 것이다.

아유미 : 제주도는 어때요? 텔레비전에서 봤는데 볼거리도 많고 먹을거리도 많던데요.

제　니 : 저도 꼭 한번 가 보고 싶었는데 잘 됐네요! 제주도는 한국에서도 아름다운 관광지로 손꼽히잖아요.

왕　준 : 그럼, 우리 모두 같이 가기로 한 거예요. 한 사람이라도 빠지면 안 돼요.

아유미 : 정말 기대되네요! 자, 그럼 지금부터 여행 계획을 세워 볼까요?

『한국어4』, 건국대학교 언어교육원, 건국대학교 출판부, 365쪽.

가 보고 싶은 섬, 제주도

제주도는 한국에서 가장 큰 섬으로 바람, 여자, 돌이 많다고 해서 '삼다도'라고 불리기도 한다. 제주도는 독특한 전통 문화와 이국적인 경치를 함께 느낄 수 있어서, 신혼부부들이 많이 찾는 곳이다.

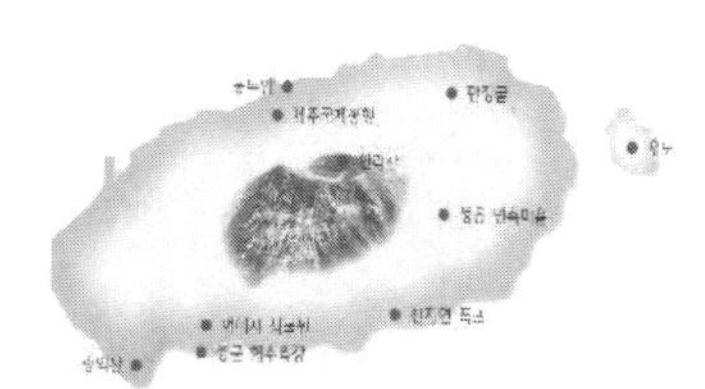

(이하 생략 중략)

『한국어 중급1』, 국제교육원 한국어 교육부, 경희대학교 출판국, 102-103쪽.

과연 제주도는 그들의 로망을 실현하고 있는가?

우리나라에 외국인들이 꼭 한 번 가고 싶은, 아니 반드시 가보고 싶은 곳이 있다는 것은 참 자랑스러운 일이다. 그러면서도 한편으론 과연 그 외국인들의 처음 기대를 충족시키고 있는지에 대해서는 의문이 드는 것도 사실이다.

교재를 통해 제주도를 처음 접한 외국인들은 교재에서 소개한 제주도의 이곳저곳을 마치 답사하듯이 꼼꼼하게 여행하고 싶어 한다. 그런데 과연 그런 관광 시스템이 잘 마련되어 있는지, 왜 제주도에 다녀온 외국인들에게서 '너무 좋아요'란 말보다 '생각보다 별로예요'라는 말이 나오게 되는지 반성해 볼 일이다.

한국어 교재에서 대한민국의 대표적 관광지로 내세울 만큼의 콘텐츠와 인프라를 구축하고 있는지 말이다.

▸ 드라마 '올인'의 배경.

► 드라마 '태왕사신기' 세트장

방송, 이주여성을 만나다

내가 만난 이주여성들
전티효 이야기
베트남 며느리의 고향방문기
힘을 내요, 메셀! 당신을 응원할께요
이주여성, 행복의 조건 ①
이주여성, 행복의 조건 ②

내가 만난 이주여성들

나는 자주 릴케의 말을 떠올린다. 릴케는 말했다. “명성이란 주변에 밀어닥친 오해의 총계에 불과하다.” 명성이 쌓여갈수록 오해가 늘어간다는 말은, 내가 살아온 경험에 비춰보면 진실에 가까운 것 같다.

방송의 기능에는 여러 가지가 있겠지만, 그 중 하나는 ‘사람의 명성을 높여주는’ 일이다. 방송에 출연한 사람은, 더구나 주인공으로 출연한 사람은, 이미 그 이전의 사람이라고 볼 수 없다. 말하자면, 〈인간극장〉에 출연하기 이전의 사람과 출연한 이후의 사람은, 질적 전환을 거쳐 다른 사람으로 바뀐다는 얘기다.

그들이 얻은 것은 명성일까? 오해일까? 인간극장에 출연했던 ‘산골소녀 영자’는 강도에 의해 아버지가 살해당하고 결국 비구니가 되었다. 그건, 그들에 대한 턱없는 오해가 빚어낸 결과였다. 어쩌면 방송은, 끊임없이 오해를 생산해내는 도구인지도 모른다.

나는 그런 방송계에 대략 15년 동안 머물렀다 빠져나온 지 채 한 달이 되지 않았다. 그러나 이주여성 이야기를 써달라는 제안을 받았을 때 거절하지 않았다. 이 지면을 통해, 그들에게 쌓인 오해(혹은 명성일 수도 있을)를 풀 수 있을지도 모른다는 기대를 가졌기 때문이다.

이주여성과의 데이트, 피우자 민들레

한국으로 시집 온 이주여성들의 이야기를 TV프로그램으로 만들어 보자는 이야기가 나온 것은 2005년 가을 무렵이었다. 전라일보에서 이주여성들의 실상을 기획기사로 다룬 직후였을 것이다. 신문에서만 다루기에는 사안이 너무 커보였고, 전라북도 현실과도 맞는 아이템이었다. 장수에서 영어학원을 하는 레오노라 씨를 시작으로 기나긴 이주여성과의 데이트가 시작됐다.

▸ 전주방송에서 제작한 이주여성 프로그램〈피우자 민들레〉

마침 장수에서는 이주여성을 위한 '민들레 아카데미'가 세워지고 있었다. 농촌지역공동체 운동을 하기 위해 번암면 논실마을로 들어

갔던 일군의 활동가들이 이주여성들에게 '꽂히고' 말았다. 농촌에서 가장 중대한 사안을 찾다보니, 첫 번째가 빈곤이었고, 둘째가 그렇게 찢어지게 가난한 농촌으로 시집온 이주여성들 문제였던 것이다.

그들에게 한국의 말과 문화를 가르치는 작업이 이제 막 시작된 곳으로 방송 카메라가 다니기 시작했다. 장수 민들레 아카데미에서 힌트를 얻어 〈피우자 민들레〉라는 프로그램 제목이 만들어졌다. 홑씨로 날아와 척박한 땅에서고 뿌리를 내리는 민들레처럼, 홑몸으로 날아왔지만 이 땅에 잘 적응하면서 살기를 바라는 마음이 그 제목에 담겨 있다.

이주여성의 희망, 레오노라

그러나 실제로 만나본 이주여성들은 민들레는커녕 잡초보다 못한 삶을 살고 있었다.

영어학원을 하는 레오노라 씨는 한국으로 시집 온 이주여성 가운데 가장 성공한 케이스였다. 누구나 레오노라를 부러워했다. 하지만 너무 격차가 크다 보니 시기 질투하는 이주여성들이 더 많았다.

레오노라의 명성이 높아질수록, 그에 대한 오해도 높아져갔다. 결국 레오노라는 다큐멘터리 제작 직후 모든 방송출연을 거절하겠다고 의사를 밝혀왔다. 실제로 그녀는 방송출연을 할 시간조차 없을 만큼 바쁘게 살고 있었다.

아침에 일어나면 아이들 학교 보내고 바로 영어학원으로 출근해 초·중·고 방과 후 영어교실까지 뛰고 돌아오면 잠잘 시간도 빠듯할 지경이었다. 남편 혼자 파프리카 농사를 짓느라 힘들었지만, 농사일을 거들어 줄 시간은 전혀 없었다.

여름방학이면 학원 아이들을 모아서 필리핀으로 어학연수를 떠났다. 항공권 구입에 들어가는 돈만 해도 상당했지만, 레오노라 씨는 그것이 미래를 저축하는 것처럼 보였다. 아이들이 크면 레오노라 씨는 필리핀으로 가서 살 거라고 했다.

방송에서는 한국에 뿌리내리기 위해 열심히 일하며 사는 것으로 그려졌지만, 사실 그녀의 궁극적인 목표는 필리핀 고향으로 돌아가는 것이었다. 한국에서 배운 한국어실력과 그녀의 영어실력이면 필리핀에서 먹고 살기에는 충분했다.

그녀에게 한국은 희망의 땅이 아니었다. 장수에서 백날 파프리카 농사를 지으면서 산들, 아이들 셋 교육시키고 자신의 꿈을 펼치기에는 무리라는 것을 그녀는 알아버린 것이다.

넬리아의 눈물

넬리아 이야기도 빼놓을 수 없다. 장수에서 사과농사를 짓는 넬리아는 아이가 다섯 명이다. 모두 연년생이다. 우리가 찾아갔을 때 그녀는 울기만 했다. 아이를 다섯 명이나 낳고 7년 동안이나 한국에 살았는데도 한국말 수준이 매우 낮았다. 일 년도 안 거르고 아이 낳고 기르느라 정신없었으니, 언제 한국말을 배우러 다닐 시간이나 있었겠는가.

그러나 아이조차 제 뜻대로 기를 수가 없었다. 젖 물려볼 시간도 없이 농사짓느라 바빴던 것이다. 거동이 불편한 팔순 시어머니는 갓난 아이를 돌보기에는 무리였다. 그때는 산후도우미 제도도 시행되기 전이었다. 밭에서 돌아와 보면 아이들이 똥을 만지면서 놀고 있는 날이 대부분이었고, 넬리아는 말을 할 수 없으니 그저 복장이 터질 뿐이었다.

남편은 일욕심이 매우 많아서 아내가 집에서 '아이나 보고 있는 것'은 낭비라고 생각하는 편이었다. 자신은 자활센터에서 일을 했고 임대받은 사과밭 농사는 완전히 넬리아한테 떠맡겨 버렸다. 사과밭농사에 치여서 자식농사에 소홀히 했던 넬리아. 넬리아의 다섯 아이들은 도저히 어떻게 해볼 수 없을 정도로 천방지축이어서 동네 사람들조차 혀를 끌끌 찼다.

▸ 한국어교실에 나와 활짝 웃고 있는 이주여성들. 겉으로는 웃고 있지만 그녀들의 가슴 속엔 눈물이 들어 있다.

살림살이도 가관이었다. 집조차 없어서 남의 집 제각이었던 집을 빌려서 살고 있는데, 주방이 갖춰져 있지 않은 집이었다. 헛간 같은 곳에다 세간을 놓고, 겨울철을 제외하고는 마당에서 밥을 먹었다. 싱크대도 없이 가스렌지 달랑 하나 놓여있는 한데부엌이었다. 부부와 다섯 아이들이 함께 생활하는 방은 형광등이 깨져서 불조차 들어오지 않았다.

큰아이가 작대기를 갖고 놀다가 형광등을 깼다고 하는데, 아무도 그것을 고칠 사람이 없었다. 벽은 아이들의 낙서로 빼곡한 틈이 없었고 큰아이가 초등학교 들어가야 하는데 책이나 책상 같은 것도 찾아볼 수 없었다.

아이들은 야생에서 자라는 아이들처럼 잠시도 가만히 있지 않았고, 마루와 방과 마당과 고샅길을 오가는데 한결같이 맨발이었다. 필리핀 시골 오지에서나 볼 수 있는 풍경이 장수에서 벌어지고 있었다.

물론 넬리아의 이야기는 방송을 통해 소개됐다. 하지만 방송에는 얼마간의 미화로 인해 넬리아의 아픔이 잘 전달되지 않았다. 그저 울기만 하니, 그 눈물의 의미는 각색하기 나름이었다.

남편에 대한 원망이 참으로 컸을 텐데, 남편 앞에서 울기라도 하면, 남편은 되레 큰소리로 웃으면서 이렇게 말했다.

"여보, 사랑해! 우리 내년에 애 한 명 더 낳을까?"

TV화면으로 보면 부부사이에 정이 넘쳐 아이도 많이 낳고, 가난하지만 다복하게 사는 것처럼 보이지만, 실제로 넬리아는 출산과 육아에 대한 부담, 농사일에 대한 압박감으로 폭발 일보 직전에 처해 있었다.

어쩌면 넬리아는 방송이 하나의 출구가 될 수 있을지도 모른다고 생각했던 모양이다. 하지만 방송은 그녀의 가족을 미화했을 뿐, 그 어떤 대안도 제시해 주지 못했다.

가출한 넬리아

방송이 나간 후 얼마 안 되서 넬리아는 가출을 했다. 도저히 남편과 살 수 없다고 했다. 남편은 성실하고 부지런하기는 했지만, 넬리아의 속마음을 헤아려줄 만큼 자상한 사람은 아니었다. 일방적인 강요와 지시만 있었을 뿐, 넬리아의 입장을 조금도 헤아려 주지 않았다. 좀 거칠게 말한다면 넬리아의 삶은 노예와 다를 바가 없었다.

넬리아는 남편을 두려워했다. 갈 수만 있다면 필리핀으로 돌아가고 싶어했다. 그 이야기를 남편에게 할 수 없으니 방송 제작진에게 해왔다. 하지만 방송제작진이 가정을 파탄시키는 꼴이 될 수도 있어서 여간 난감한 것이 아니었다. 간다고 해도 다섯 명이나 되는 아이들은 어찌할 것인가? 육아도 교육도 제대로 받지 못한 아이들은 벌써부터 폭력과 욕을 배워 동네 사람들로부터 걱정을 사고 있었다.

일단 남편하고 잘 얘기를 해 볼 테니 일단 집으로 들어가라고 했다. 제작진은 남편을 만나 넬리아의 심리상태를 전하고 자상하고 부드럽게 대해줄 것을 요구했다. 남편은 우리 앞에서는 알겠다고 했지만, 실제로 그렇게 할 수 있을지는 장담할 수 없었다. 사람은 살아온 내력이 있어서 한순간에 바뀌기는 힘든 법이다.

그 후로도 넬리아는 몇 번이나 가출을 했고, 다시 마음이 약해져서 돌아오기를 반복했다. 장수 민들레 아카데미 이현선 소장이나 피우자 민들레 담당 PD에게 전화를 걸어 답답한 심정을 하소연하기도 했다. 넬리아는 다섯 아이 낳고 농사짓느라 몸이 거의 뼈밖에 남지 않았다. 마른 얼굴에 커다란 눈. 두려움에 차서 이리저리 굴리던 넬리아의 눈동자가 생각난다. 남편이 좋은 말을 해도 울었고, 나쁜 말을 해도 울었다. 그녀의 언어는 눈물이었다. 지금까지 수없이 많은 이주여성들을 만났지만, 넬리아의 눈물이 가장 잊혀지지가 않는다.

얼마 전 KT 전주지사 집수리 봉사팀과 연결이 돼서, 넬리아 집을 수리해 주었다. 부엌을 베니어판으로 막고, 천둥벌거숭이 같던 방과 마루도 도배, 장판을 새로 해주었다. 아이들 공부하라고 컴퓨터와 책상도 중고로 사서 들였다. 넬리아는 고맙다고 울고 또 울었다. 그러나 진정으로 넬리아에게 필요한 것은 도배 장판이나 책상은 아니었을 것이다.

► 〈장수 민들레 아카데미〉의 이주여성들

비운의 로세마리

장수 산서에 살고 있는 로세마리도 참 기억에 많이 남는 여성이다. 후덕하고 복스럽게 생긴 로세마리는 결혼식날 남편이 뇌출혈로 쓰러진 '비운의 여성'이었다. 그러나 정말 남편은 결혼식날 뇌출혈로 쓰러졌을까?

대부분의 이주여성들은 사진을 통해 선을 보고 그 자리에서 결혼식까지 일사천리로 진행된다. 사진 속의 남편은 건강하고 잘 생겨 보였다. 결혼식장에 올 남편만 기다리고 있는데, 남편은 오지 않고 남편이 쓰러졌다는 연락이 왔다. 하지만 결혼식을 안 할 수는 없는 일. 그렇게 로세마리는 한국으로 왔다.

그때부터 지금까지 남편은 누워있다. 뇌출혈로 쓰러진 환자라기보다는 오랜 기간 동안 뇌질환을 앓아온 사람으로 보였다. 유치원생 정도의 인지능력과 어눌한 말투…….

식당을 운영하는 시어머니 또한 지병으로 누워있는 처지라 로세마리는 뜨거운 여름날 보신탕을 끓여대며 연신 땀을 흘리고 있었다. 내 눈에는 로세마리가 이 집안의 짐을 평생 혼자 지고 갈 필요가 없어 보였다.

그러나 로세마리에겐 이유가 있었다. 다섯 살 먹은 딸이 있었기 때문이다. 딸은 아빠를 무서워했지만 엄마는 잘 따랐다. 로세마리는 딸의 교육을 위해 아이들 영어 과외를 하면서 돈을 모으고 있었다. 돈을 모아서 조그만 학원이라도 하나 차리는 것이 로세마리의 꿈이었다.

그녀들의 이야기는 계속 된다

장수에 살고 있는 레오노라와 넬리아와 로세마리의 이야기를 했지만, 비슷한 사연을 가진 이주여성들이 수없이 많다. 아이 분유 값이 없어서 아침부터 돈을 빌리러 나가야 했던 베네딕타, 남편의 전처의 아이와 갈등을 빚어 마음고생이 심했던 네미아, 남편과 이혼할 수 있게 도와달라고 하소연하는 메셀, 친정어머니가 폐암으로 돌아가시기 전에 한번만 만났으면 좋겠다는 전티효, 일자리를 얻었지만 돈 문제 때문에 괴로운 카테레인……. 그녀들의 이야기를 전하는 것이 그녀들의 사생활을 침해하는 것 같아 마음이 무겁다. 그러나 그녀들의 삶에 관심을 갖는 사람들이 늘어나고, 그녀들의 하소연에 귀기울여주는 친구가 늘어나기를 바라는 마음으로 이 글을 썼다. 그녀들의 이야기는 계속 된다.

전티효 이야기

"나는 세상의 아름다움을 말할 때 세상의 더러움에 치가 떨렸고, 세상의 더러움을 말할 때는 세상의 아름다움이 아까워서 가슴 아팠다."

소설가 김훈의 말이다. '내가 만난 이주여성'이라는 글을 쓰려고 컴퓨터 앞에 앉으니, 문득 김훈의 이야기가 떠오른다. 내 속에도 그렇듯 미묘한 갈등이 피어오르는 탓이다.

이주여성들의 밝고 활기찬 삶을 이야기할 때는 그녀들의 안타까운 사연이 떠올라 마음이 아프고, 그녀들의 안타까운 사연을 전할 때면 무구하면서도 희망에 부풀어있는 얼굴이 떠올라 죄책감이 생긴다.

나는 어디까지 그녀들의 이야기를 전할 수 있을까. 내가 바라본 그녀들의 단편적인 모습이 그녀들의 전부라고 말할 수는 없을 것이다. 사람을 안다는 것은 얼마나 어려운 일인가? 더구나 말도 잘 통하지 않는 이주여성들의 이야기를, 내가 느끼는 점만 일방적으로, 이렇게 막 전해도 되는 것일까. 이 글을 쓰는 지금도 여전히 나는 그 문제를 풀지 못하고 있다.

► 이주여성들의 이야기를 소재로 한 작품이 상을 받는 이유는 간단하다. 그들이 우리 사회의 '약자'이고 '소외계층'이며 더 많은 관심과 지원을 필요로 하기 때문이다. 그러나 제작자가 수상을 함으로써 이주여성들에게 돌아가는 혜택은 무엇일까.

지난주에는 한국천주교 주교회의에서 수여하는 가톨릭 매스컴상 시상식에 다녀왔다. JTV 전주방송의 정규 프로그램 〈피우자 민들레〉 중 '메셀 편'과 '전티효 편'이 가톨릭 매스컴상 방송부문상을 수상했기 때문이다. 수상을 한 정한 프로듀서는 시상대에 올라 떨리는 목소리로 소감을 말했다. "이 상은 이주여성을 대신해 제가 받는 상으로 알겠습니다. 시상금은 이주여성들을 위한 단체에 기부하겠습니다."

한국에 살고 있는 이주여성들의 이야기를 방송 프로그램으로 제작하고, 그 작품으로 상을 받은 것이 벌써 수 차례. 정작 상을 받고 격려를 받아야 할 사람은 이주여성들인데, 단지 그들을 방송에 소개했다는 이유로 제작자들만 상을 받는 것 같아 마음이 썩 편치 못하다.

이주여성들의 이야기를 소재로 한 작품이 상을 받는 이유는 간단하다. 그들이 우리 사회의 '약자'이고 '소외계층'이며 더 많은 관심과 지원을 필요로 하기 때문이다. 그러나 제작자가 수상을 함으로써 이주여성들에게 돌아가는 혜택은 무엇일까. 상금 몇 푼 기부한다고 해서 그녀들의 문제가 해결되는 것도 아닐 터인데……. 그녀들의 삶을 속속들이 헤집어놓고는, 나중엔 '난 모르겠다'는 듯 발 빼버린 것이 그동안의 방송은 아니었는지…….

수상을 한 다음 날, 정한 프로듀서는 베트남으로 날아갔다. 전티효라는 베트남 여성과 그녀의 두 쌍둥이 아이를 데리고. 6밀리 카메라를 들고 전티효를 따라가는 정한 프로듀서를 보면서, 어쩌면 끈질긴 관심과 집착이 그녀들의 삶을 조금은 행복하게 해줄지도 모른다는 기대감을 가져봤다. 아무리 그녀들이 방송소재에 불과할지라도, 그녀들이 원하는 것을 조금씩 해나가다 보면 언젠가는 지금보다 나은 상황을 만들 수도 있겠기 때문이다.

우리 엄마 많이 아파… 많이 아파…

전티효 씨를 만난 것은 지난 여름이었다. 군산 가건모 김희숙 대표의 추천을 받고 군산시 나포면에 있는 그녀의 집을 찾아갔다. 임신 9개월, 더구나 쌍둥이라고 했다.

금방이라도 쏟아질듯 팽팽하게 부풀어 오른 배를 안은 채 전티효 씨는 별로 표정이 없었다.

이주여성들을 만나다 보면, 나라마다 기질이 다르다는 것을 느낀다. 필리핀 여성들은 활달하고 낙천적이고 잘 웃고 놀기를 좋아한다. 한국 사람과 기질이 비슷해서 인터뷰도 쉽고 프로그램 만들기도 수월하다.

▸ 베트남에서 시집 온 전티효 씨. 어머니에 대한 그리움이 간절했다.

반면 베트남이나 캄보디아 쪽 여성들은 얼굴에 표정이 없고 표현을 잘 하지 않는다. 한국말을 배우는 속도도 느리다. 때문에 방송 프로그램으로 제작하기가 필리핀 여성들보다 두세 배는 어렵다.

우리는 순전히 제작자 입장에서 슬슬 불안해지기 시작했다. 과연 이렇게 표정이 없는 여성을 주인공으로 프로그램을 만들 수 있을까. 1시간 넘게 앉아서 이야기를 나눠봤지만 그녀에게서 얻을 수 있는 정보는 거의 없었다. 베트남에 있는 아버지가 청각장애를 앓고 있으며, 어머니가 폐암 말기라는 것 정도였다. 그 때문에 전티효는 베트남에 한 번 다녀오고 싶어 했다. 방송에 출연하는 이유도 그 때문이었다.

어머니가 언제 돌아가실지 모르기 때문에, 꼭 한번 베트남에 다녀와야 한다는 것이었다. 그러나 문제가 두 가지 있었다. 집안 형편상 거액의 항공비를 들여 베트남에 갔다 올 여건이 안 된다는 것이 첫 번째였고, 임신 9개월이라 비행기를 탈 수 없다는 것이 두 번째였다.

어느 쪽도 전티효에게는 가능성이 없어 보였다.

그런데도 전티효는 막무가내로 자기를 베트남에 보내달라고 호소를 했다. "우리 엄마 많이 아파…… 많이 아파……" 그녀가 할 수 있는 말은 그것이 전부였다.

그녀의 남편을 만나보기로 했다. 좀 더 구체적인 사연을 알아야 그녀를 도울 수 있을 것이기 때문이었다. 남편은 충남 장항 인근에서 일용잡부로 일하고 있었다. 매일 아침 인력사무소에 나가 그날 그날 일거리가 생기면 곧바로 현장에 투입된다고 했다.

우리가 갔을 때 전티효의 남편은 휴양림 내에 있는 건물의 철거공사를 하고 있었다. 검게 탄 얼굴로 먼지구덩이 속에서 일을 하고 있는 남편. 남편 역시 말은 별로 없었지만, 전티효를 고향에 보낼 수만 있다면 촬영에 협조하겠다고 했다. 부인을 무척 사랑하는 것 같았다. 자신이 돈을 잘 번다면 이미 진작 베트남에 보내줬을 텐데, 그렇게 하지 못한 것에 대한 미안함이 짙게 배어났다. 자식과 아내를 위해서라면 온몸이 부서져라 일하는 타입이었다. 그러나 의지와 현실은 너무 달랐다. 산달이 낼모렌데 남편은 아직 쌍둥이 제왕절개 수술비조차 마련하지 못한 채였다. 하루 일당 5만원에서 7만원. 그 돈으로 어머니와 두 딸, 아내와 자신이 먹고 살기에도 빠듯했다.

쌍둥이를 낳은 전티효 씨

뜻하지 않은 또 하나의 복병은 시어머니였다. 시어머니는 자신의 며느리를 베트남에 보낼 수 없다고 했다. 시어머니의 관심은 오직 뱃속에 있는 쌍둥이였다. 쌍둥이는 둘 다 아들이라고 했다. 위로 일곱 살, 다섯 살 두 손녀가 있었지만 시어머니는 "아들은 꼭 낳아야 하는 법"이라며 전티효를 닦달해, 마침내 성공(!)한 것이었다. 행여나 쌍둥이가 잘못 될까봐 베트남의 '베'자도 꺼내지 못하게 했다.

어떻게 해야 할까. 제작진의 고민이 시작됐다. 말도 잘 못하는 베트남 여성, 자신의 처지 때문에 별다른 입장이 없는 남편, 며느리의 입장보다는 자신의 손자가 더 소중한 시어머니. 그러나 가장 중요한 사람은 역시 전티효였다. 어머니 얼굴을 마지막으로 한번 보겠다는데, 어떻게 그 간절한 소망을 무시할 수 있겠는가. 일단 베트남에 갈 수 있는 방법부터 찾아보기로 했다.

산부인과 의사의 종합적인 진단 결과, 역시 쌍둥이를 임신한 몸으로 비행기에 오르기는 무리였다. 어머니는 폐암말기라고는 하지만 전화통화를 통해 상황을 확인해본 결과 아직은 그렇게 위급한 상황은 아닌 듯했다. 일단 쌍둥이를 출산한 후에 베트남에 가는 것으로 합의를 했다. 그리고 전주의 한 산부인과의 협조를 얻어 무료로 수술과 입원을 할 수 있도록 조치를 취했다.

비로소 전티효의 얼굴에 화색이 돌았다. 큰 비용 들이지 않고 아이도 낳을 수 있게 됐고, 베트남에도 다녀올 수 있게 됐으니, 희망이 생긴 것이다.

약속을 한 이상 제작진은 끝까지 책임을 져야 했다. 이미 두 딸을 제왕절개로 출산한 터라, 세 번째 아이인 쌍둥이를 출산하는 것도 쉬운 문제가 아니었다. 전티효의 나이는 서른다섯. 노산이라면 노산이었다. 산부인과 의사들이 그다지 반길 만한 케이스는 아니었는데도 M 산부인과 원장은 흔쾌히 집도를 하겠노라 했다.

7월 28일. 전티효가 쌍둥이를 낳는 날이었다. 미리 수술 날짜를 잡아놓고 며칠 전부터 만반의 준비를 했지만 제작진도 긴장이 됐다. 출혈이 심할 수 있다는 의사 이야기에 더 신경이 쓰였다. 가족들 역시 거의 뜬눈으로 밤을 새우다시피 하고 병원을 찾았다. 수술은 생각보다 오래 걸렸지만 다행히 출산은 무사히 끝났다. 부분 마취를 하기는 했지만 출산의 고통이 상당할 텐데도 전티효를 신음 소리 한번 내지 않았다. "베트남 여자, 정말 독하다"고 담당 프로듀서가 한마디 했다. 태반이 나올 즈음에는 고통이 너무 심해 기절을 할 정도였는데도 전티효는 끝내 비명 소리 한번 내지 않았다.

그리고 회복실. 갓 태어난 쌍둥이를 양쪽에 껴안고 전티효는 희미하게 미소를 지었다. 그리고 베트남 어머니에게 전화를 했다. 이제 어머니 보러 갈 수 있게 됐다고. 곧 갈 테니 조금만 참으라고.

"베트남 것들은 독해서..."

그러나 전티효는 자신의 희망대로 '당장' 어머니를 보러 갈 수는 없었다. 베트남 방문 비용을 지원할 사회단체도 찾아봐야 했고, 갓난아이들을 어떻게 데려갈 것인지도 결정해야 했다. 시어머니는 한 발 양보해서 며느리의 고향방문을 허락했지만, 이번에는 쌍둥이를 데려갈 수 없다고 강경하게 나섰다. 행여 아이들이 잘못 되기라도 하면 그동안에 들인 공이 물거품이 돼버린다는 것이었다. 시어머니의 머릿속에는 베트남은 미개하고 더운 나라라는 편견이 가득 차 있었다. 어쩌면 그런 걱정은 어머니로서 당연한 것이기도 했다.

하지만 시어머니의 마음속에는 또 하나의 말 못할 걱정이 있었다. 놀랍게도 시어머니는 혹시 며느리가 돌아오지 않을지도 모른다는 걱정을 하고 있었다. 그래서 마음 같아서는 며느리도 못 가게 하고 싶은데, 뭐라 이유를 댈 수가 없으니 끝까지 어깃장을 부린 것이었다.

실제로 그 마을 인근에는 베트남에서 시집 온 며느리들이 몇 명 있었는데, 도망 간 며느리들이 많다고 했다. '베트남 것'은 독해서 자식 놓고도 도망을 잘 간다고, 그러면 우리 아들이 뭐가 되냐고, 시어머닌 짓무른 눈 속에 눈물을 담았다.

남편을 일찍 여의고 홀몸으로 키운 외아들이었다. 시어머니가 그토록 손자를 원했던 이유를 알 것도 같았다. 시어머니의 아들사랑은 그 무엇과 비교할 수 없을 만큼 절절했다. 두 딸만 키우면 며느리가 선녀처럼 날아가 버릴 것 같아 끝까지 아들을 낳으라고 강요 아닌 강요를 한 것이었다.

그런 며느리가 두 아들을 데리고 베트남을 가서 돌아오지 않는다면? 그것은 시어머니에게 참기 어려운 고통스러운 상상일 터였다. 우리는 시어머니를 설득했다. 저희랑 함께 가니까 꼭 다시 돌아올 거예요. 저희들이 며느님 꼭 같이 모셔올게요. 그제서야 시어머니는 울음 섞인 목소리로 말했다. "선상님! 우리 며느리 꼭 델꼬 오시요. 우리 아들 불쌍허게 맨들지 말고…… 꼭 델꼬 같이 와야 허요! 나한테 약속 허씨요!"

아, 이것이 현실이었다. 7년을 같이 산 며느리를 시어머니는 믿지 못 했다. 언제든지 도망가 버릴 것 같았다고, 그래서 마음 놓고 며느리 혼 한번 내지 못했다고 했다. 실제로 제작진이 처음 찾아갔을 때 며느리와 시어머니 사이는 '엄마와 딸' 사이처럼 좋아보였다. 시어머니는 며느리에게 힘든 일 시키지 않으려 했고, 전티효 역시 시어머니에게 고분고분 잘했다. 고대했던 아들 쌍둥이를 가졌기 때문에 그럴 거라고 생각했는데, 시어머니 마음속에는 며느리가 도망갈지도 모른다는 걱정과 눈치보기가 자리하고 있었던 것이다.

전티효 입장에서도 그런 시어머니가 달가울 리 없었다. 자신의 어머니가 폐암 말기라 언제 돌아가실지 모른다는데, 고향에 가지 못하게 하는 시어머니를 전티효는 이해하지 못했다. 심지어 시어머니는 화가 받친 나머지 "왜 하필 이런 때 사둔양반은 아파가지고……"하는 원망의 소리를 하기도 했다. 손자가 태어나는데 외할머니가 죽을병에 걸렸으니, 좋지 않은 징조라는 것이었다. 그런 말을 들을 때 전티효의 심정은 어땠을까. 눈물 콧물 흘려가며 통곡을 하는 전티효 앞에서 제작진은 뭐라 위로의 말을 건넬 수가 없었다.

어쨌든 시어머니의 양보(?)로 전티효의 베트남 행은 조금씩 진행되기 시작했다. 〈좋은 사람들〉이라는 시민단체에서 베트남 왕복비용을 지원하기로 했다. 쌍둥이도 둘 다 데려가기로 했다. 쌍둥이 중 한 아이가 심한 중이염에 걸려서 걱정이 되기는 했지만 전티효의 입장은 완강했다. 어떠한 일이 있어도 둘 다 데려가야 한다는 것이었다.

그 먼 길을, 프로듀서 혼자 촬영까지 하면서 무사히 다녀올 수 있을까? 아이들이 아프기라도 하면 어찌해야 하나? 고민하는 가운데 서서히 출국날짜는 다가오고 있었다.

베트남 며느리의 고향방문기

8년 전 군산시 나포면으로 시집 온 베트남 이주여성 전티효(35)씨. 일용잡부로 일하는 남편과 귀여운 두 딸, 그리고 시어머니를 모시고 평범하게 살아오던 그녀에게 시어머니의 '아들 타령'이 시작되면서 먹구름이 끼기 시작했다. 자고로 한국며느리는 아들을 낳아야 한다며 셋째 아이 갖기를 강요하는 시어머니. 결국 세 번째 아이를 임신했는데 쌍둥이라는 진단이 내려졌다.

임신 우울증으로 힘겨워 하는 전티효에게 청천벽력 같은 소식이 전해지는데, 고향에 있는 친정어머니가 폐암 말기 판정을 받았다는 것이다. 두 차례 수술을 마치고 죽을 날만 기다리고 있다는 친정엄마. 당장 베트남으로 가서 엄마 얼굴을 보고 싶지만 임신한 몸으로는 불가능한 일. 더구나 빠듯한 살림에 베트남을 왕복할 비용을 마련하는 일도 엄두가 안 난다.

결국 아이를 낳은 후에 베트남에 가기로 결정을 내리는데, 천신만고 끝에 아들 쌍둥이를 낳았지만 이번에도 시어머니의 반대가 만만치 않다. 아이들을 데리고 갈 수 없다는 시어머니의 강경한 반대 앞에 이번에는 전티효도 질 수 없다고 버티는데…… 과연 전티효는 베트남에 가서 어머니를 만나고 올 수 있을까?

베트남 방문길에 오르다

마침내 그날이 왔다. 시어머니와 한바탕 전쟁을 치르기는 했지만, 결국 전티효의 승리로 끝났다. 시어머니와 싸울 때 전티효의 눈에서는 불꽃이 튀었고, 얼굴 표정은 얼음장처럼 차가웠다. 시어머니는 속이 부글부글 끓는 듯했지만, 며느리 머리채를 휘어잡고 꼼짝 못하게 할 만큼의 기력은 남아있지 않았다.

"니가 씨에미를 멀로 보고…… 어떤 며느리가 씨에미한테 반말로 대꾸헌다냐…… 아이고 나는 몰르겄다, 니 맘대로 해라!"

시어머니는 방문을 쾅 닫고 나가버렸다. 전티효는 표정 하나 바뀌지 않았다. 베트남으로 떠나기 이틀 전의 상황이었다.

출국 하루 전 날, 전티효와 시어머니는 거실에 앉아서 여행가방을 챙기고 있었다. 쌍둥이 옷만 해도 여행 가방이 꽉 찼다. 말없이 옷을 개키던 시어머니가 전티효에게 인삼 뿌리 몇 개를 내밀었다.

"한국 사람은 인삼을 젤로 친다, 사돈어른 약 되게 니가 가서 대려 드려라."

인삼을 받아든 전티효는 아무 말이 없었다. 그렇게 고향방문을 말리던 시어머니였는데, 어느새 인삼까지 챙기셨는지, 어머니의 마음이 고맙기도 하고 미안하기도 했을 터였다. 말없이 인삼뿌리만 만지던 전티효가 결심한 듯 일어섰다. 인천공항에서 베트남행 비행기를 타려면, 군산에서 새벽 두 시에는 출발해야 했다. 시어머니는 기어이 눈물을 보였다.

"나가 시방 심정이 꼭 딸 시집보내는 것 맹키요."

며느리가 친정집에 다녀오는 것일 뿐인데, 시어머니는 무엇이 그리 불안하고 걱정되는 것일까. 혹여 며느리가 고향 베트남에 눌러 살기로 작정이라도 할까봐 시어머니는 끝까지 걱정을 놓지 못했다.

어머니에 대한 걱정과 불안으로 사색이 된 전티효

큰놈 성민이는 등에 업고, 작은놈 성준이는 가슴에 품고, 그렇게 전티효의 고향방문이 시작됐다. 폐암 말기로, 살 날이 얼마 남지 않은 엄마에게 자신이 낳은 두 손자를 보여주기 위해 전티효의 먼나먼 고향 방문길이 시작된 것이다.

쌍둥이를 임신했을 때 어머니가 폐암진단을 받았다는 것을 알았지만 이렇게 빨리 병증이 진척될 줄은 몰랐다. 두 번의 수술을 했지만 병원에서는 더 이상 할 일이 없다며 집으로 보냈다고 했다.

한국으로 시집 온 지 8년째. 첫딸을 낳고 한번 다녀온 것이 마지막이었다. 5년 만에 다시 보게 되는 엄마 얼굴. 과연 얼마나 변했을까. 얼마나 아픈 것일까. 설마 나를 알아보시지 못하는 것은 아니겠지. 비행기 창밖으로 베트남의 하늘이 비치자 전티효는 뜨겁고 굵은 눈물을 흘렸다.

호치민 공항에서 다시 두 시간 반 남짓을 달려야 했다. 전티효의 고향은 바닷가 붕타우. 하노이에서 살다가 열여덟 살 때부터 붕타우에 살았다고 했다. 고향마을 바꾸가 가까워질수록 전티효는 긴장한 티가 역력했다. 고향을 가는 설렘보다는 어머니에 대한 걱정과 불안으로 사색이 되다시피 했다. 저렇게 걱정스러운 마음으로 임신 아홉 달을 보냈을 생각을 하니 촬영팀도 참 마음이 짠했다. 두 아이를 업고 안고 집에 도착했을 때는 아버지가 문간에 앉아 있었다. 불행히도 아버지는 보청기를 끼고도 거의 듣지 못할 만큼 난청이 심했다. 전티효를 안아주고는 어머니가 누워있는 침대를 가리켰다. 드디어 어머니를 만나는 순간이었다.

엄마, 저 왔어요!

기력이 다한 어머니는 전티효를 원껏 안아주지도 못했다. 비글비글 쓰러지며 다시 침대에 눕고 마는 어머니. 전티효는 그런 어머니 위에 엎어져서 섧게 울었다. 각오는 했지만 이렇게 심할 거라고는 생각지 못한 듯했다.

저녁이 되자 근처에 살고 있는 전티효의 오빠와 새언니, 여동생들이 왔다. 한국에서 가져온 선물을 주고 한국생활을 담은 동영상을 보여줬다. JTV 전주방송 〈피우자 민들레〉에 방영된 내용이었다. 하루하루 노동으로 생계를 이어가는 사위의 모습, 늙고 아픈 시어머니, 천방지축인 두 손녀, 그 안에서 힘들게 살고 있는 전티효의 모습을 보고 다들 할 말을 잃었다.

그들에게 한국은 더 이상 '드림 랜드'가 아니었다. 어머니에게 소감을 물으려 했으나 애써 대답을 피해버리는 어머니.

"피곤해. 눕고 싶구나."

그것이 어머니가 말한 것의 전부였다.

어머니는 하루에 한번씩 진통제를 맞아가면서 목숨을 이어가고 있었다. 수술을 한 호치민 병원에서는 더 이상 취할 조치가 없다고 했다. 어머니는 동네 병원에 가서 진통제를 맞는 것으로 고통을 이겨내고 있었다. 아픈 어머니를 위해 아무것도 해줄 수 있는 게 없다는 것이 전티효의 마음을 더 힘들게 하는 것 같았다.

▸ 전티효의 가족들이 살고 있는 고향집
(베트남 붕타우 바꾸마을)

어머니와의 마지막 여행

촬영팀은 전티효와 어머니를 위한 마지막 여행을 준비했다. 전티효가 한국으로 시집가기 전, 가족들끼리 자주 놀러갔던 붕타우 바닷가로 모녀를 안내한 것이다. 여행이랄 것도 없는 가벼운 산책이었지만 그것도 어머니의 체력으로 감당하기에는 무리였다.

그래도 어머니는 딸과 누릴 수 있는 마지막 순간을 포기할 수 없다고 했다. 끊임없이 파도가 밀려오는 붕타우 바닷가에서 두 모녀는 지난 시절을 돌아보며 추억에 잠겼다.

▸ 전티효와 어머니의 마지막 여행

"엄마랑 같이 해변에 나오니까 너무 좋아요. 이렇게 엄마랑 바닷가를 거닌다는 게 믿어지지 않아요."

"나도 너랑 같이 오니까 정말 좋구나. 쌍둥이 손자랑 너를 이렇게 보게 됐으니, 이제 내가 편히 눈을 감을 수 있을 것 같다. 지금은 내 몸도 마음도 많이 아프지만, 너와 함께 있는 이 순간은 왜 이렇게 즐겁고 행복한지 모르겠다."

모녀는 마음속에 있는 말을 다 나누고 다시 이별의 시간을 맞이했다. 몇 번을 망설이던 전티효는 "엄마, 나 한국에 가기 싫어요."라며 본 마음을 드러내 버렸다. 촬영팀을 의식해서 마음에 꽁꽁 숨겨두었던 말이었을 텐데, 결국 참지 못하고 해버린 것이다.

"안 돼. 너는 지금 가야 해. 너를 기다리는 가족들이 있잖아. 엄마는 너를 사랑하고 항상 너를 보고 싶어 할 거야."

엄마의 단호한 대꾸에 전티효는 할 수 없이 발걸음 돌렸다. 이제 다시 엄마를 볼 수 없을 것이다. 이번이 마지막이라는 것을 알기에 시어머니의 반대를 무릅쓰고 쌍둥이까지 데리고 온 것이 아닌가. 그동안 쌓인 회포와 그리움을 풀기에는 4일이라는 기간은 너무 짧았다.

다시 전티효는 한국으로 돌아가야 한다. 사랑하는 두 딸과 목 빠지게 자기만 기다리고 있을 남편, 그리고 딸 시집보낸 심정으로 애타게 대문만 쳐다보고 있을 시어머니. 전티효가 진정으로 있어야 할 곳은 그곳이었다.

다시 두 아들을 업고 안고, 떨어지지 않는 발걸음을 옮기는 전티효. 8년 전 그때처럼 부푼 희망은 없지만, 네 아이의 엄마로서, 몸이 부서져라 일하는 남편의 아내로서, 하나밖에 없는 며느리로서 새로운 삶을 꾸려가야 할 의무가 전티효 앞에 놓여 있었다.

한국으로 돌아가서 아이들과 씨름하고 있을 어느 날, 고향으로부터 어머니가 돌아가셨다는 소식이 들려와도 전티효는 슬퍼하거나 놀라지 않기로 다짐했다. 어머니는 자신에게 줄 수 있는 모든 사랑을 주었고, 이제 전티효는 자식들에게 그 사랑을 물려줄 일만 남았으므로.

이 만남이 전티효와 어머니의 마지막 만남이 되었다. 전티효의 어머니는 지난 8월 베트남 고향집에서 숨을 거두었다.

힘을 내요, 메셀! 당신을 응원 할게요

메셀! 전화를 해도 받지 않더군요. 요즘 매우 힘들다는 얘기, 전해 들었어요. 내가 보았던 메셀은 늘 힘들었지만 늘 웃는 얼굴이었죠. 그것이 메셀의 가장 큰 매력이었어요.

맨 처음 당신을 보았던 날을 기억해요. 곰팡이가 피어 있는 좁은 방에서 두 살배기 형란이를 안고 있었죠. 당신의 나이 스물세 살, 엄마라고 하기엔 너무 어려 보였어요. 동그랗고 귀여운 두 눈엔 걸핏하면 눈물이 고였죠.

특히 필리핀 고향 이야기가 나오면 미처 말릴 사이도 없이 눈물이 주룩 흘러내리곤 했어요. 그러면 당신은 손바닥으로 눈물을 쓰윽 닦고는 우릴 보고 해맑게 웃곤 했죠. 천성이 밝고 낙천적이라고 생각했어요. 울음과 웃음 사이를 그렇게 빨리 오가는 사람을, 나는 당신 말고는 보지 못했으니까요.

남편은 말없이 앉아 있다가 조용히 나가서 담배를 피우곤 했죠. '신경성 스트레스 장애'라는 병명이 너무 낯설었어요. 그건 어떤 병일까요? 무거운 것을 들면 근육이 떨리고, 높은 곳에 올라 가지도 못하고,

한 가지 일에 집중할 수 없다는 얘기만 전해 들었죠. 밥을 먹고 나면 알약을 한 움큼씩 먹더군요. 그래도 당신은 웃었어요. 남편의 나이는 마흔 두 살, 당신과는 무려 열아홉 살이나 차이가 났지요. 그래도 당신은 "자기야! 자기야!"하면서 남편을 끔찍이도 생각했어요. 무표정하고 말이 없는 남편에 비해 당신은 애교덩어리에 에너지가 넘쳤죠. 당신을 보면 나까지 기운이 솟는 기분이었어요.

▸ 친구들과 춤을 추고 있는 메셀(가운데) 메셀은 남원 결혼이민자센터의 분위기 메이커였다.

아토피 피부염 때문에 고생하는 형란이를 안고 당신은 울었죠. 곰팡이 없는 집으로 가고 싶어 했어요. 하지만 노점상을 하는 시어머니한테 얹혀사는 처지에 어떻게 집을 옮길 생각을 하겠어요? 도무지 당신 앞엔 희망이 없는 것처럼 보였어요.

그래도 당신은 열심히 한국말을 배웠죠. 당신은 매우 영리하고 똑똑했어요. 필리핀에서 대학 3학년까지 다니다가 중퇴했다고 했죠. 학원에서 수학강사도 했었고요. 그런데 어떻게 이렇게 가난한 한국남자에게 시집을 오게 됐을까, 정말 궁금했어요. 어머니 때문이라고 당신은 말했어요. 갑상선 종양으로 힘들어하는 어머니 수술비를 마련하기 위해 한국으로 시집을 온 거라고.

▸ 친구들과 함께 한국어를 배우고 있는 메셀

그때만 해도 남편이 그렇게까지 어려운 상황은 아니었다고 했죠. 신발 도매업을 하던 남편은 지금처럼 몸이 아프지도 않았고 돈도 제법 벌었었다고요. 하지만 경찰관과 시비가 붙어 폭행을 하는 바람에 남편은 수감생활을 해야 했고 그때부터 집안경제는 걷잡을 수 없이 무너졌어요. 광주에서는 더 이상 살 수가 없어 당신 부부는 시어머니가 계시는 남원으로 이사를 와야 했죠. 이사라기보다는 도피라는 말이 맞았겠지만……

어린 나이에 한국으로 시집 와 당신은 너무나 드라마틱한 삶을 살았어요. 그런 상황에서도 맑게 웃을 수 있다는 게 저는 신기했죠. 시어머니를 도와 장사를 하는 당신을 본 순간, 어쩌면 당신은 타고난 장사꾼이 아닌가, 확신이 생길 뻔 했답니다. 손님을 끌어오는 수단도 뛰어났고 물건을 파는 솜씨도 탁월했어요. 솔직히 말해서 시어머니보다 당신이 더 장사를 잘하던 걸요.

돈을 벌기 위해 한국어 말하기 경연대회에 출전하고, 장기자랑대회에까지 나가 물불 가리지 않고 몸을 던지는 모습을 보고 저는 입을 다물지 못했어요. 결국 2등상을 타내고, 상금 봉투를 거머쥔 당신을 본 순간, 당신에게는 그것이 장난이나 취미가 아니라 절실한 '생활'이라는 것을 알았어요. 상금 30만원이면 형란이 한 달치 기저귀와 분유는 걱정하지 않아도 됐을 테니까요.

▸ 이주여성 노래자랑경연대회에서 최우수상을 탄 메셀

방송국에 놀러 와서 이것저것 흥미를 보이는 당신을 보고 저는 참 마음이 안타까웠어요. 신분증을 목에 건 나를 보고 "언니! 멋있다! 부럽다!" 그렇게 말했죠. 많은 이주여성을 만났지만 나를 그렇게 스스럼없이 "언니!"라고 부른 사람은 한 명도 없었어요.

메셀! 당신은 그처럼 순수하고 경계 없는 사람이었죠. 당신이 원하는 것은 그리 거창한 것이 아니었어요. 투병중인 어머니의 수술비를 매달 5만원이라도 보내주는 것, 남편의 몸이 지금보다 건강해지는 것, 남편을 대신해 매일 출근하는 직장을 가져보는 것…… 그 정도가 당신의 꿈이었죠. 하지만 그 꿈은 쉽게 이루어지지 않았어요. 그나마 우리(방송팀)을 만나게 돼서 하나의 꿈을 이룰 수 있었죠. 당신이 그토록 바라던 어머니의 수술.

▸ 갑상선 종양 수술을 받기 위해 한국을 찾은 메셀의 친정어머니(가운데)

어머니가 한국으로 오던 날, 당신이 공항에서 조바심치던 모습이 기억나요. 어쩔 줄 몰라 하는 당신은 그저 어린아이 같았죠. 엄마를 부르며 달려가 얼굴을 부비던 당신은 영락없는 어린아이였어요. 전북대병원의 도움으로 무사히 갑상선 종양 수술을 마친 어머니.

어머니 앞에서 노래를 하던 당신의 모습은 마치 천사 같았답니다. "엄마, 힘내세요! 우리가 있잖아요!" 당신은 울면서 웃으면서 그 노래를 불렀죠. 엄마도 하염없이 눈물을 흘렸어요. 딸이 시집 간 낯선 땅에 와서 말 한마디 통하지 않는 의사들한테 수술을 받았던 어머니. 사랑하는 딸이 얼마나 힘들게 살고 있는지 알게 된 어머니는 그저 눈물만 흘릴 뿐이었죠. 서울에서 하룻밤을 보내고 엄마와 헤어지던 날, 당신의 안타까운 얼굴이 한동안 내 눈앞에서 사라지지 않았어요. 지금도 눈물을 훔치던 당신의 얼굴이 슬로우 영상으로 그려져요. 당신의 주제가였던 "하얀 민들레"도 귓전에 들려오는 듯해요.

그로부터 벌써 2년의 세월이 흘렀어요. 당신을 마지막으로 본 게 언제였는지 기억나지 않아요. 남원에 가면 연락을 하곤 했지만, 당신은 전화가 안 될 때가 더 많았죠. 남편의 건강이 더 악화돼서 입원했다는 소식도 들었어요.

방과후 교실에서 영어를 가르치던 일도 그만 뒀다고 하더군요. 휴대폰도 없어졌고 가정생활도 힘들다고 들었어요. 그토록 밝게 빛났던 당신의 얼굴이 검게 상했다는 말도 들려오더군요. 제가 하는 일과 관련해 당신을 만나려고 했지만 연락이 닿지 않아 포기하고 말았어요. 나를 만나면 언니! 하고 반가워할 텐데, 지금 어디에서 무얼 하고 있나요? 당신을 떠올리면 필리핀에 있는 당신의 어머니와 아버지, 그리고 언니와 여동생이 떠올라요. 필리핀의 가족들에게 당신은 유일한 희망이죠.

그러니 메셀! 여기서 좌절하지 말고 힘을 내세요. 형란이를 위해서,

필리핀의 가족들을 위해서 다시 한번 웃어 보세요. 당신은 웃을 때가 가장 예쁘답니다. 당신만큼 한국말을 잘하는 사람은 찾아보기 힘들어요. 당신은 예쁘고 능력 있고 성격마저도 좋아요. 그 정도 능력이면 한국에서 충분히 살아갈 수 있어요. 포기하지 말고 힘을 내요 메셀! 여기에서 언니가 당신을 응원할게요.

이주여성, 행복의 조건 ①

일본과 대만의 이주여성들

지난 2008년 4월, JTV에서 이주여성 관련 다큐멘터리를 제작, 방송한 적이 있다. 한국 결혼이민여성 문제의 해결점을 다른 나라의 사례를 통해 찾아보고자 했던 다큐멘터리로, 일본과 대만의 선진 사례를 중점적으로 취재했다.

그 과정에서 아시아의 수많은 결혼이민여성들을 만날 수 있었고, 한국의 이주여성들에게 무엇이 필요한지 그들의 목소리를 통해 깨달을 수 있었다. 당시에 느꼈던 문제점이 여전히 유효하다고 생각하기에 그 사례 몇 가지를 여기에 옮긴다.

일본의 이주여성들

일본의 심장부 도쿄. 1억 2천만 명이 넘는 인구 가운데 3천2백만 명이 이곳 도쿄에 살고 있다. 도쿄 중심가에서 외국인을 만나는 것은 더 이상 낯선 일이 아니다. 180여 개 국, 200만 명이 넘는 외국인이 현재 일본에 거주하고 있다.

▸ 결혼이민여성들이 행복하게 살기 위해서는 어떤 조건들이 필요할까?

일본은 이미 다문화사회로 진입했다고 해도 과언이 아니다. 자연스럽게 국제결혼도 늘어나서, 전체 결혼의 5%가량이 국제결혼 커플이다. 예전에는 '일본여성과 서양남성'간의 결혼이 국제결혼의 주류를 형성했지만, 90년대부터는 양상이 달라졌다. '일본남성과 아시아 출신 여성'들의 결혼이 눈에 띄게 증가한 것이다. 현재 일본으로 시집 온 아시아 이주여성의 숫자는 4만여 명 정도. 해마다 조금씩 늘고 있는 추세다.

우린 행복해요 - 장티방 씨와 박금례 씨

가나가와현 도츠카시에 있는 한 마을. 이곳에 살고 있는 결혼이주여성의 집을 찾아가 봤다. 베트남에서 시집 온 장티방씨. 3년 전, 결혼중개업소를 통해 남편을 만났다. 남편의 나이는 마흔 여덟! 직장에 다니는 평범한 일본사람이다. 어쩌다 보니 결혼적령기를 놓쳐서 국제결혼을 하게 된 경우였다. 아이가 태어난 것은 장티방 씨에게 큰 행운이었다. 막막하고 답답했던 외국생활이 아이로 인해 활기가 생긴 것이다. 아직 일본말이 많이 서툴지만, 아이와 함께 있을 때면 굳이 말이 필요 없다. 장티방 씨 얼굴에선 행복한 미소가 떠나지 않았다.

"장티방 씨, 행복하십니까?"

"네 그렇습니다."

"왜 행복하십니까?"

"우리 남편이 상냥하고 성실한 분이라…… 처음에는 외롭고 그랬지만 아이가 태어나면서 그런 생각도 다 잊어버렸습니다."

늦은 나이에 가정을 꾸리고 바라던 아들까지 얻은 남편. 일상생활에서 느끼는 불편함은 전혀 없는 것일까?

> "조금 불만입니다. 이주여성 정책에 좀 불만이 있습니다. 예를 들어 아내가 자신의 나라로 돌아갈 때, 일본인이라면 별 문제없이 왔다 갔다 할 수 있는데 아내는 일본 국적이 없는 외국인이라 입국관리국에 가고 서류를 제출하고 확인을 받아야 입출국이 가능합니다. 그런 점이 대단히 불만입니다. 이건 차별입니다."

도츠카시에 살고 있는 또 다른 이주여성의 집을 찾아가 봤다. 8년 전 한국에서 시집 온 박금례 씨. 남편과는 연애결혼이었다. 일본인이라고 해서 결혼을 망설이지는 않았지만 국적 문제는 아직도 걸림돌이다.

"주민등록증을 떼어보면 제 이름이 없어요. 딸하고 남편이름만 올라 있어요. 호적을 떼면 제 이름이 나오는데 주민등록등본에는 제 이름이 없어요. 그게 좀 불만이죠."

일본인과 결혼한 배우자는 결혼생활 3년이 지나면 영주권이나 국적 귀화를 신청할 수 있다. 박금례 씨는 영주권은 있지만 귀화 신청은 하지 않은 상태. 한국 국적을 버리고 싶지 않은 이유도 있지만 굳이 일본 국적을 취득하지 않아도 누릴 수 있는 혜택에서는 별 차이가 없기 때문이다. 출산에서부터 노년에 이르기까지 내국인과 동등하게 적용되는 복지혜택이야말로 박금례 씨를 일본에 머물게 하는 가장 큰 이유다. 지금도 박금례 씨는 자신의 선택을 후회하지 않는다.

▸ 다양한 국적의 이주여성들. 국적은 달라도 차별받는 현실은 비슷하다

"첫 아이를 낳았는데 조산아여서 인큐베이터에 들어가야 된다고 했는데, 한 달 넘게 들어가야 된다고 해서 비용이 많이 들 줄 알았어요.

그런데 막상 아이를 퇴원시키는데, 일본 돈으로 2만엔 정도밖에 나오지 않았어요. 대학병원에 두 달 반 있었는데…… 정부가 거의 모두 무료로 해주고…… 한국 돈으로 20만 원 정도밖에 안 나왔어요. 만약에 한국에서 조산아를 낳았다면 어떻게 됐을까 생각하면 눈앞이 캄캄했을 것 같아요."

모국에서도 누릴 수 없었던 복지혜택을 이국땅에서 누리게 된 박금례 씨. 마음 한 구석에 남아있던 국제결혼에 대한 거부감도 말끔히 씻겨져 나갔다. 살면 살수록 일본의 복지정책에 대해 만족한다는 박금례 씨.

"만약에 남편이 불의의 사고를 당하거나 사망을 해도 자녀들이 만 18세가 될 때까지 정부에서 모든 것을 도와줍니다."

"국제 결혼한 여성인데도요?"

"네. 이주여성도 내국인과 동일하게 해줍니다. 의료보험 혜택도 모두 받을 수 있고, 거의 무료진료입니다. 홀로 된 이주여성이 생활할 수 있도록 나라에서 보조를 해주고 직장이 필요한 경우에는 정부에서 일자리도 마련해 줍니다. 그런 점들이 이주여성을 위한 일본 복지정책의 좋은 점이라고 생각합니다."

"행복하십니까?"

"행복하죠."

박금례 씨를 행복하게 해 준 것, 그것은 의료, 교육, 취업에 이르기까지 차별 없이 시행되는 일본의 복지제도였다. 아무리 사랑으로 꾸린 결혼생활이라 해도 차별과 멸시가 반복된다면 그 사랑은 유지될 수 없다. 박금례 씨의 사랑을 더욱 단단하게 해준 일본의 복지제도. 그것이 오늘 박금례 씨를 웃게 하는 이유다.

▸ 많은 이주여성들이 보건의료와 복지혜택에 대해 큰 관심을 나타낸다. 특히 자녀들에 관한 의료혜택은 행복의 조건 1순위로 꼽힌다.

대만의 이주여성들

대만의 경우는 어떨까? 아시아에서 국제결혼 빈도가 가장 높은 나라 중 하나인 대만. 전체 이주여성의 20%가량이 수도 타이페이에 살고 있다. 대만의 결혼이주여성 숫자는 이미 39만 명을 넘어서서 40만 명에 육박하고 있다. 중국 사람과의 결혼도 국제결혼으로 보기 때문에 대만에서는 국제결혼이 더 이상 주목받는 일이 아니다.

대만 국제결혼이 갖는 또 하나의 특징은 기업의 해외투자지역과 이주여성 유입지역이 일치한다는 것이다. 80년대 후반부터 대만기업들의 베트남진출이 늘어나면서 중국 신부 다음으로 베트남 신부들이 많아졌다. 한국에 비하면 20년이나 앞선 베트남 신부의 대만 진출. 이곳에서는 한국에서와 같은 문제점들이 없었을까?

남편은 잃었지만 삶에 대한 희망을 잃지 않았어요 - 타우쟁 씨

결혼 3년 만에 암으로 남편을 잃은 타우쟁 씨. 어린 아이 둘을 데리고 낯선 타국 땅에서 살아가야 하지만 그녀는 두렵지 않다고 했다. 홀로 된 이주여성도 아이를 키울 수 있도록 정부에서 지원을 해주기 때문이다.

"남편이 사망하면 아이가 유치원 다닐 때부터 18세까지 보조를 받을 수 있습니다. 학비는 물론 무료이고, 매월 자녀 1명당 대만화폐로 1,800달러를 지원 받기 때문에 부모로서의 부담을 훨씬 덜 수 있습니다. 실제로 많은 도움을 받기 때문에 대만 정부가 정말 좋습니다."

불의의 사고로 남편을 잃었을 경우, 대만 정부에서는 자녀 1인당 한 개씩 단신카드를 발급해 준다. 이 카드만 있으면 유치원부터 고등학교까지 전액 무료로 교육을 받을 수 있고, 매월 일정금액의 생활비까지도 지원 받을 수 있다. 자치단체 이름으로 발급되는 이 카드는 가장을 잃은 이주여성 가족에게 살아갈 희망이 되고 있다. 단신카드와 함께 발급되는 보조금 입금통장. 정부에서 지원되는 금액은 자년 1인당 대만 달러로 1,800달러다. 많은 금액은 아니지만 학용품이나 교재 구입 비용 정도로는 충분하다. 이 돈을 자녀가 18살이 될 때까지 매월

통장으로 지급해주는 것이다. 그러나 만일 이주여성이 재혼을 하게 되면 모든 지원은 끊기게 된다. 그만큼 이주여성에 대한 관리감독이 철저하다. 남편을 잃고 베트남으로 돌아갈까도 생각해봤던 타우쟁 씨. 정부의 지원 정책 덕분에 마음 놓고 아이들을 키울 수 있게 됐다.

"저뿐만 아니라 다른 이주여성들도 정부의 도움을 받을 수 있습니다. 남편이 사고를 당했거나 이혼을 했을 경우에도 정부에서 적극적으로 도와줍니다. 그런 점이 정말 고맙습니다. 또 이 자리를 빌어서 시부모님께도 고맙다는 말을 전하고 싶습니다. 저를 친자식처럼 보살펴주시는 시부모님도 고맙고, 많은 도움을 주고 있는 대만정부에게도 정말 감사드립니다."

남편은 떠났지만 삶에 대한 희망은 잃지 않은 타우쟁 씨. 아이들과 함께 꾸려갈 미래가 있기 때문에 그녀는 대만의 이주여성으로 살아갈 생각이다. 힘든 결정을 도와준 것은 정부의 정책이었고 자기 자신의 용기였다.

다음 세대의 행복까지 준비하고 있어요 - 황완 씨

타이페이 외곽 주택가에 자리한 한 아파트. 이곳에도 이주여성이 살고 있다. 깔끔한 아파트 내부와 고급스러운 실내장식. 대만의 전형적인 중산층 가정의 모습이다. 이 집의 안주인은 베트남에서 시집 온 황완 씨다. 남편과는 대만에서 만나 연애결혼을 했고, 현재 아이 둘을 키우고 있다. 오후 시간. 황완 씨가 아이를 데리고 외출을 한다. 찾아간 곳은 소아과 병원. 이주여성의 자녀일 경우, 의료 서비스에서 차별받는 것은 없을까?

"의료서비스에서 차별을 받은 적은 없습니다. 간호사도 친절하고 의사도 매우 잘해줍니다. 대만에 온 지 10년이 넘었는데 계속 이 병원에 다니고 있습니다."

황완 씨에게 대만은 모국인 베트남보다 훨씬 자유롭고 행복한 나라다. 의료보험카드만 있으면 무료로 진료를 받을 수 있고, 가족의 건강이나 자녀교육에 대한 복지정책이 거의 완벽하기 때문이다.

"대만의 의료복지는 매우 잘 돼 있다고 생각합니다. 제가 생각하기에 대만 정부의 의료 서비스는 저희 외국신부들이 오기 전부터 매우 완벽했습니다. 많은 이주여성들이 대만으로 시집 와서 아이를 낳고 엄마가 됐습니다. 하지만 엄마가 되어서도 대만의 일상생활에 대한 지식이 많이 부족했습니다. 그래서 대만정부가 저희 이주여성들을 위해 많은 도움을 주었습니다. 대만정부는 다음 세대를 위해 좋은 정책을 펴고 있습니다."

대만사회에 성공적으로 뿌리를 내린 베트남 이주여성 황완 씨. 이제 그녀는 자기 자신뿐만 아니라 다음 세대의 행복까지 준비하고 있다.

대만과 일본의 이주여성이 행복하다면 그 이유는 어디에 있을까? 그것은 체계적인 기구가 설치돼 있고 실질적인 정책이 수립, 운영되고 있기 때문이다. 대만은 정부조직에 '이민서'라는 전담기구가 있고, 자생적인 민간단체의 힘이 밑받침되어 있다. 일본은 '헬로우 워크'라는 이주여성 일자리 정책으로 많은 이주여성들에게 희망을 주고 있다. 이들의 사례를 통해 한국 이주여성 행복의 조건을 가늠해 볼 수 있을 것이다. 그 자세한 내용은 다음 편- 〈이주여성 행복의 조건 ②편〉에서 구체적으로 소개하기로 한다.

이주여성 행복의 조건 ②

대만과 일본의 이주여성 정책

대만의 이주여성이 행복하다면 그 이유는 어디에 있을까? 전문가들은 그 이유를, 아시아 국가 중 유일하게 설치된 '이민서'에서 찾고 있다. 이민서의 전신은 출입경 심사처, 우리로 말하면 출입국 관리사무소다. 경정서 산하 조직이던 출입국 관리국이 이민서라는 독자기구로 승격된 가장 큰 이유는 이주여성을 비롯한 외래인구의 급격한 증가 때문이다.

2005년 12월, 이민서 설치법이 국회를 통과하면서 2007년 1월부터 출입국이민서가 독자적인 활동을 시작했다. 외국인에 대한 모든 업무를 통합적으로 관리하는 조직이 생긴 것이다. 현재 대만에는 25개의 이민서 지부가 전국 각 지역에 설치돼 있다.

조직이 커진 만큼 이민서의 업무는 방대하지만, 가장 중요한 업무 가운데 하나가 결혼이주여성에 대한 생활교육이다. 대만에서는 이를 '이민지도'라고 부른다. 대만남성과 결혼한 이주여성이 어떻게 살아야 행복해질 수 있는지 홍보영상을 만들어서 상영하는 것도 이민서의 업무다. 또 국제결혼을 주선하고 상담하는 콜센터를 개설하는가 하면, 결혼이주여성을 위한 기금까지 설립했다.

"이주여성들을 위해서 2004년에 기금을 설립해서 결혼이민을 지원하고 있습니다. 1년에 대만 화폐로 3억 원씩, 10년간 30억 원을 외국 신부에게 지원하고 있습니다. 이것은 대만 국적을 취득할 때까지 지원이 됩니다. 2005년부터는 생활지도, 언어학습, 자녀교육을 강화하고 있고, 지금도 추진 중에 있습니다. 가장 중요한 것은 민간단체와 같이 협력해서 진행하는 것입니다. 이주여성이 생활하는 데 어려움이 있다면 0800-088885번으로 전화를 주시면 됩니다. 그렇게 하면 이주여성이 더 빨리 대만생활에 적응할 수 있고 자녀교육에도 도움이 될 것입니다."

이민서 부조장인 이링풍 씨의 말이다. 이민서가 설치된 지 1년 남짓! 대만의 이주여성 정책은 날로 발전하고 있다. 결혼생활 5년 이상으로 국적 취득 요건이 강화되는 대신, 일상생활에서 받을 수 있는 복지혜택은 더 커진 것이다. 이민서 1층에 마련된 상담창구는 대만으로의 이주를 꿈꾸는 여성들에게 전문적인 상담과 안내를 해주는 곳이다.

출입국에 필요한 서류부터 호적신고에 이르기까지, 모든 의문점을 이곳에서 해결할 수 있기 때문에 이민서의 통합 서비스는 이주여성들에게 큰 도움이 되고 있다. 이링풍 부조장에게 자세한 내용을 물어봤다.

"국제결혼이민여성의 가장 큰 문제점은 결혼을 하는 것은 좋은데

법률을 전혀 모른다는 것입니다. 거류증에 대한 법률규정을 몰라서 추방당하는 경우도 종종 있습니다. 또 이곳 생활방식에 대해서도 너무 모릅니다. 그래서 때때로 민간단체에서 생활자문을 해주기도 합니다만, 앞으로 우리가 개선할 점은, 각 나라마다 이민여성에 대한 지도를 강화해서 그들이 살게 될 대만이라는 나라에 대해서 잘 이해하고 남편에 대한 정보 등을 미리 숙지해서 무난하게 정착할 수 있도록 하는 것입니다."

► 결혼이민여성을 위한 정책을 세울 때 대만과 일본의 사례를 참조할 필요가 있다.(사진은 전라북도 주최로 열린 다문화가족 정책토론회 장면)

대만에 이민서가 있다면 일본에는 헬로우 워크 정책이 있다.

이주여성 숫자가 대만의 4분의 1 수준인 일본. 200만 외국인 가운데 4만 명에 불과하지만 이주여성에 대한 일본의 일자리 정책은 눈 여겨볼 만하다. 후생노동성에서 실시하고 있는 헬로우 워크 정책. 이주여성들에게 안정된 일자리를 제공하는 정책이다. 기업으로부터 구인 접수가 들어오면 그 기업의 신뢰도와 안정성을 파악한 뒤 이주여성을 소개해 주는데, 장기적으로 일할 수 있도록 고용을 보장해주는 제도다. 나카지마 과장에게 자세한 업무를 물었다.

"우리는 국제결혼 이민여성들에게 일자리를 소개하는 서비스를 제공하고 있습니다. 헬로우 워크를 통해 기업으로부터 구인 접수가 들어오면, 그 기업의 노동조건, 사회보험 가입여부 등을 확인하고 문제없이 안심하고 일할 수 있는 직장을 소개하려고 노력하고 있습니다. 이주여성에게 직장을 소개할 때는 통역을 통해 모국어로 안내하고 있습니다."

취업의 기회나 보수의 면에서 이주여성을 차별하지 않는 헬로우 워크 정책.

기업주를 감시하고 이주여성을 보호하는 역할을 하기 때문에 일자리가 필요한 이주여성들은 해당 지역의 헬로우 워크에 등록을 하면 된다.

중앙정부의 노력과 함께 자치단체의 자발적인 외국인 정책도 눈에 띈다. 가와사키시의 외국인 시민대표자 회의는 외국인도 시민대표로 인정하는 보기 드문 의사결정 기관이다. 가와사키시의 인구는 140만 명. 그중 3만 명가량이 외국인이다. 일본 내에서도 외국인이 유독 많은 지역이라, 1996년에 이미 외국인 시민대표자 회의가 결성됐다. 26개국 출신의 외국인들이 모인 시민대표자 회의는 외국인들의 입장에서 정책을 내놓고 의견을 제시하는 공식회의 기구다. 때문에 시청 공무원까지 참석해서 회의 내용을 주의 깊게 경청하고 그 결과를 시 정책에 적극 반영한다. 이 회의의 대표는 재일교포 2세인 정이일 씨다.

“요즘에는 다양한 국적의 외국인들이 많이 늘어났습니다. 아시다시피 일본에 살고 있는 외국인들에게는 참정권도 없고 사회복지 면에서도 미흡한 부분이 많이 있습니다. 이곳에 거주하고 있는 외국인들이 가지고 있는 문제들을 이 대표자회의를 통해서 하나하나 시의 정책에 반영시킬 목적으로 서로 의견을 나누는 모임입니다.”

외국인 대표자 회의의 영향력이 크다보니 이주여성을 위한 정책도 한 차원 높게 진행되고 있다. 가와사키시에서 내세우는 이주여성 정책은 다문화와 공생! 서로의 문화를 인정하면서 함께 살아갈 시민으로 대하는 것이 다문화 공생정책의 핵심이다. 자원봉사자들로 구성된 이주여성 일본어교실. 언어 습득 정도에 따라 그룹별로 진행되는데, 이주여성을 지원의 대상으로만 여기는 것이 아니라 함께 살아갈 주체로 대한다는 것이 가장 큰 차이점이다. 일본어 교육이 중심이 되기는 하지만 이주여성 각국의 문화를 이해할 수 있는 문화교류 이벤트도 언어교육만큼 중요하게 생각한다. 나라별로 ‘스페셜 데이’를 정하거나 ‘월드 데이’라는 이름으로 모두 하나가 되는 날 등이 그것이다.

가와사키시가 다문화 공생정책을 추진하는 목표는 명확하다. 외국인들의 인권을 보장하고 서로 다른 문화에 대한 주민들의 이해를 높여서 궁극적으로 함께 공생을 하자는 것이다. 언어교육과 문화 이벤트는 그 수단으로 사용되고 있다. 외국인까지도 시민으로 받아들여서 시의 경쟁력을 높여온 가와사키시. 일방적인 동화정책보다는 다문화 공생

정책이 훨씬 효율적이라는 것을 가와사키시는 보여주고 있다.

▸ 이주여성 정책을 수립할 때 가장 중요한 것은 '공생'과 '다문화'이다.

그렇다면 일본 농촌의 경우는 어떨까? 대표적인 산간 농촌지역인 야마가타현을 찾았다. 한때 이곳에서도 한국처럼 농촌총각 장가보내기 운동이 일어났다고 한다. 대표적인 곳이 도자와 무라다. 도자와 무라는 야마가타시에서 90킬로미터가량 떨어진 작은 마을로 우리나라로 치면 면 규모쯤 되는 곳이다. 3월에도 눈이 3미터 이상 쌓일 만큼 춥고 험한 지형. 그야말로 첩첩산중이니 일본 여성들이 이곳으로 시집오지 않는 것도 무리는 아니었다. 관에서 국제결혼을 주도한 사례는 일본에서는 매우 드문 경우였다. 도자와 무라 촌사무소에서는 언제부터 국제결혼을 중개한 것일까? 촌장에게 직접 물었다.

"촌사무소에서 국제결혼을 중매한 것은 꽤 오래 전의 일입니다. 민간업체를 통하거나 먼저 결혼한 사람이 친구를 소개하는 형식으로 지금도 국제결혼이 이어지고 있습니다만, 촌사무소가 직접 국제결혼에 관여하고 있지는 않습니다.

"옛날이라고 하면 몇 년 전인가요?"

"1989년과 1990년, 2년 동안입니다. 벌써 20년 정도 됐군요. 지금은 하고 있지 않습니다."

촌사무소 차원에서 국제결혼을 중개했던 도자와 무라. 당시 2년 동안 11쌍의 국제결혼 부부가 탄생했다. 그러나 관에서 주도하는 국제결혼은 곧 촌민들의 반대에 부딪혔다. 촌민들의 세금으로 개인의 결혼 문제를 해결하는 것이 일본사람들의 정서에 맞지 않았기 때문이다. 공무원이 국제결혼에 앞장서는 것도 촌민들의 눈에 곱게 비치지 않았다. 당시 국제결혼 업무를 담당했던 마에다 씨. 지금도 촌사무소에서 이주여성 관련 업무를 맡고 있다. 크고 작은 시행착오를 겪기는 했지만 도자와 무라가 이주여성들의 마을로 명성을 얻게 된 건 담당 공무원의 전문성도 큰 부분을 차지하고 있다.

"1970년대에 시골에서 도시로 나가는 사람들이 많았습니다. 그 결과 농촌으로 시집오는 사람이 거의 없었습니다. 촌사무소 공무원이 직접 참여하기 시작한 것은 1989년입니다. 그리고 공무원이 직접 중매한 것은 1989년과 1990년, 2년뿐입니다. 그 당시는 촌이 직접 중매를 해서 11쌍의 국제결혼 커플이 탄생했습니다. 지금 현재는 36쌍의 국제결혼 커플이 있습니다."

서른여섯 명의 이주여성이라면 그렇게 많은 숫자는 아니다. 그런데도 도자와 무라에는 이주여성을 위한 문화공간이 거창하다 싶을 정도로 크게 세워져 있다. 고려관이라는 이름의 문화공간에서는 이주여성들이 자기나라의 물건을 팔기도 하고 서로의 문화를 교류하는 행사를 갖기도 한다. 국제결혼이 단지 촌의 인구를 늘리는 차원이 아니라 다양한 문화를 나누는 기회이자 매개체라고 생각하는 것이다.

이곳 고려관에서 만난 이순호 씨. 도자와 무라로 시집 온 11명의 한국여성 가운데 한 사람이다. 이곳에서 준공무원 신분으로 일을 하고 있는 그녀는 도자와 무라 이주여성들 가운데서도 1세대로 꼽힌다. 이제는 한국말보다 일본말이 더 편해진 이순호 씨. 야마가타 산골의 혹독한 추위에도 익숙해졌다. 20년 전 결혼할 당시만 해도 마을에는 이주여성들이 거의 없었다. 우연찮게도 이순호 씨가 결혼하던 해가 촌사무소에서 국제결혼을 중개하던 때였다. 촌에서는 국제결혼을 장려했지만 외국인 신부를 보는 마을사람들의 눈은 곱지 않았다. 일본어를 가르쳐주는 기관조차 없었다. 당연히 얼마 못 가 파탄 나는 가정들이 줄을 이었다.

"당시에는 외국 신부를 들여와서 인구를 늘리는 목적밖에 없었습니다. 국제결혼을 하긴 했는데, 그 이후의 대책이 없었어요. 국제결혼만 시켜놓고 아무 대책이 없으니 많은 문제가 생겼죠. 부부싸움이나 이혼 등의 문제가 심각했습니다."

이순호 씨 역시 순탄한 결혼생활을 해온 것은 아니었다.'조센징'이라는 차별과 멸시는 견디기 어려웠다. 그러나 세월이 흐른 만큼 강해졌고 이제는 행복을 찾는 법을 배웠다. 20년 전과 지금을 비교해 보면 이주여성을 위한 제도나 정책면에서 획기적인 변화가 있었다. 하지만 아직도 눈에 보이지 않는 차별은 존재한다.

"국제결혼을 했다는 것은 이 나라에서 부부로 사는 거예요. 이 나라에 사는 부부로 인정을 한다면, 일본사람으로도 인정을 해줘야 하고 일본인으로서의 권리를 줘야 하는 거예요. 공무원도 마찬가지예요. 입사는 할 수 있어도 정식 공무원이 되기 힘들어요. 아예 처음부터 채용을 하지 말든가, 채용을 했다면 동등하게 대우를 해줘야 하는 것 아닙니까?"

20년을 살고도 아직도 부족한 것이 많은 이순호 씨. 가정도 있고 직장도 있지만, 그녀가 원하는 위치에 오르기까지는 앞으로 더 많은 시간이 필요할 것 같다.

대만 이주여성의 중심, 남양자매회

타이페이에서 남쪽으로 330여 킬로미터를 달리면 대만에서 두 번째로 큰 도시 까오슝이 있다. 까오슝 근교로 나가면 전형적인 농촌마을이 펼쳐진다. 미농마을 역시 까오슝 근교에 있는 농촌마을 중 하나.

평화롭지만 가난해 보이는 농촌마을이다. 인구 4만 명에, 특별한 자원도, 볼거리도 없지만 대만의 이주여성을 이야기 할 때 이곳을 빼놓을 수 없다. 미농에 살고 있는 이주여성은 모두 500여명. 대부분 농사를 짓고 있다. 왜 이 작은 미농마을이 대만의 이주여성을 상징하는 곳이 되었을까? 그 사연을 알아보기 위해 한 민단간체 사무실을 찾았다.

미농애향 협진회. 우리로 치면 '향토사랑회'쯤 되는 곳이다. 까오슝 미농애향 협진회는 대만 최초로 이주여성교육을 시작한 곳이다. 원래는 '내 고장을 사랑하자'는 취지로 결성된 단체지만 늘어나는 이주여성들을 보면서 자연스럽게 혼인이민자 식자반을 창설해 언어교육을 시작한 것이다.

► 대만의 남양자매협회. 이주여성 권익향상을 위해 지금도 많은 일을 하고 있다.

세 평 남짓한 작은 교실. 교실이라기보다는 창고에 가까운 이곳에서 대만 이주여성의 역사가 시작됐다. 13년 전 이곳에 모였던 몇 사람의 이주여성들이 대만 이주여성들의 앞길에 등불을 밝힌 것이다. 열악한 환경 속에서 아무런 도움도 없이 열정 하나로 시작한 이주여성 교육.

마침내 4년 후인 1999년, 대만 정부에서도 이주여성을 위한 교육정책을 수립하기 시작한다. 한 민간단체의 노력이 정부를 움직인 것이다. 당시에 교육을 받았던 이주여성들은 이제 까오슝의 이주여성들을 교육하는 활동가로 성장했다. 그로부터 10여 년이 흐른 지금, 미농에서 뿌린 꽃씨는 대만 도처에서 꽃을 피우고 있다.

미농에서 뻗어나간 이주여성 교육단체를 찾아가는 길. 당시 미농에서 교육을 받았던 이주여성들이 자신들의 힘으로 새로운 단체를 결성했다. 먼저 결혼한 이주여성이 나중에 결혼한 이주여성을 교육하는, 이른바 품앗이 교육을 하는 곳! 대만 남양자매협회가 그곳이다. 언어교육과 생활적응교육에서 한걸음 더 나아가 이주여성들의 권익보호단체로 성장한 남양자매협회. 대부분의 직원들은 이주여성이다. 자신들이 경험한 시행착오를 토대로 이주여성들에게 가장 적합한 프로그램을 개발하고 연구하고 교육하는 곳. 무조건적인 언어교육보다는 현지의 생활과 문화에 대한 이해를 우선으로 하고 있다. 이제는 재정의 40%까지 정부지원을 받고 있어서 안정적인 교육이 가능해졌다. 오자문 실장에게 당시 상황을 들어봤다.

“농촌총각과 결혼하려는 여성들이 줄어들면서 대만사회의 큰 문제가 되었습니다. 그래서 10년 전부터 외국인 신부를 맞아들이기 시작했는데, 외국에서 온 이주여성들은 많은 도움을 필요로 했습니다. 예를 들어 언어문제, 생활문제 등 각 분야에서 정부의 지원이 필요했습니다. 그래서 저희들도 이주여성 문제에 관심을 갖게 되었습니다.”

도움을 받는 입장에서 도움을 주는 입장으로 자리를 바꾼 이주여성들. 대만 이주여성 교육의 1번지라는 자부심은 남양자매협회를 오늘까지 있게 한 원동력이다. 스스로의 힘으로 스스로의 삶을 개척해나가는 대만의 이주여성들. 그들에게 대만은 또 하나의 고향이 되었다.

"대만사람이든 한국사람이든 이주여성에게 기회만 준다면, 자신의 능력을 펼칠 수 있다고 생각합니다. 다만 문제는, 그들에게 능력을 펼칠 기회를 주지 않는다는 것입니다. 이주여성들에게 자신의 능력을 보여줄 무대만 제공한다면, 그들도 얼마든지 잘 살 수 있다고 생각합니다."

돌보지 않아도 저절로 피어나는 들꽃처럼 미농의 이주여성들은 스스로 희망의 꽃을 피워냈다. 이주여성을 통합적으로 관리하는 이민서 설치와 민간단체의 뿌리 깊은 저력! 이것이 이주여성들이 성공적으로 정착할 수 있었던 요인이다. 39만 명이 넘는 이주여성이 대만으로 모여드는 데는 그만한 이유가 있었던 것이다.

이주여성이 사는 곳이 어디든, 그들이 누구와 살든, 인간으로서의 기본권은 인정돼야 하고 행복추구권은 보장돼야 한다. 갈수록 늘어나는 아시아의 이주여성들. 그들에게 주어진 행복의 크기는 얼마나 될까? 그들이 행복해지기 위해서 필요한 조건은 무엇일까? 우리가 만나본 사람들은 한결같이 말했다.

"이주여성들에게도 똑같이 기회를 줘야 합니다."
"이제는 이주여성들을 이해하는 다문화적 사고를 가져야 합니다."
"이주여성 한 사람 한 사람이 모두 특별한 사람들입니다. 모두 똑같은 존재가 아닙니다."

우리가 눈 여겨 보지 않았던, 우리가 무심히 지나쳤던, 우리와는 멀리 떨어져 있다고 여겼던 이주여성들…… 일본의 한 포스터에 적힌 문구가 잊혀지지 않는다. 거기에는 이렇게 씌어 있었다.

"우리의 내일에는 반드시 그들이 있다."

오늘 우리가 알아야 할 한 가지 분명한 사실은, 이주여성이 행복하지 않다면 우리의 내일도 결코 행복하지 않다는 것이다.

* 이 글을 쓰는데 도움을 주신 JTV 전주방송 정한 프로듀서, 사진을 제공해주신 남원결혼이민자센터 고세천 교무님, 그리고 제작진과 함께 울고 웃었던 이주여성 가족 여러분께 깊이 감사드립니다.

다문화 콘서트

이해와 소통을 위한 현장 연구

인　　쇄　2009년 11월 10일
발　　행　2009년 11월 20일

저　　자　장미영 · 장창영 · 이수라 · 고은미 · 김선경
발 행 인　서 정 환
발 행 처　신아출판사

출판등록　1984년 8월 17일 28호
주　　소　전주시 완산구 태평동 251-30
전　　화　(063)275-4000, 252-3131
팩　　스　(063)274-3131
전자우편　sina321@hanmail.net
　　　　　shina321@chol.com

ISBN 978-89-5925-610-5　93300

정가 12,000원